CHAPITRE PREMIER.

1.

Les Folies d'un grand seigneur. — *Suite*.

Ceux qui ont vu la terreur commencent à s'en aller de toutes parts. Il faut se hâter de les interroger, ces livres vivants, édition qui s'épuise d'un ouvrage

ou sur le même palier qu'une sœur de Marat.

Après avoir, plus que dans les livres, essayé de lire dans ces débris humains, je vais donc refaire cette prodigieuse histoire du crime, où la réalité se monte jusqu'à la poésie de cauchemar.

La révolution, qu'un de nos derniers représentants de Saône-et-Loire a appelée l'Evangile armé, la révolution avait singulièrement fait son chemin; maintenant, elle venait de changer son nom de république en celui de terreur.

Des fous et des bandits se roulaient au faîte du pouvoir; une montagne avait remplacé un trône.

Sur la place Louis XV on avait imaginé une machine gouvernementale d'une politique très-simple et très-expéditive, fonctionnant presque toute seule, et que l'on s'habitua bientôt à voir, comme on s'habitue à voir le Louvre et les Tuileries. Elle passa à l'état de monument public.

On avait trouvé d'assez gentilles métaphores pour ne pas la nommer par son vrai nom. On l'appelait la petite fenêtre, et, les jours ou l'on était bien gai, on dansait autour d'elle. Les plus grands et les plus célèbres personnages de France mirent tour à tour la tête à la petite fenêtre.

De nos jours, dit-on, quelques individus ne seraient pas fâchés de se donner encore ce spectacle. Espérons qu'ils en seront pour leurs frais de curiosité.

On ne guillotinait pas continuellement, on déportait pour changer un peu.

Voici quelques extraits d'une liste de déportés, signée par Amar, Vadier, Collot-d'Herbois et Billaud-Varennes. Tout est parfaitement textuel :

Vassan, ex-noble, section de l'Arsenal, maison des Lions - Paul; très - suspect, aristocrate dangereux, ayant conservé le fol espoir de faire reprendre leur livrée à ses gens;

Bergeron, marchand de peaux, suspect, n'ayant rien fait pour la révolution, très-égoïste, blâmant les sans-culottes de ce qu'ils abandonnent leur état pour ne s'occuper que de la chose publique;

Pautier (François). On trouva chez lui des tasses de café à l'effigie du dernier tyran et de son agent Necker; il les avait retirées des mains d'une citoyenne qui voulait les casser. Il était porteur aussi d'un chapelet de forme extraordinaire;

Vachard, artiste typographe, n'ayant pas voulu prêter le serment civique qu'il n'ait vu comment la révolution tournerait:

Deville, section des Piques. Il a eu un frère guillotiné, et il s'est toujours montré insouciant pour la chose publique;

Veuve Delaunay, rue de la loi, n° 331, aristocrate, *ne voyant que des gens comme il faut;*

Charlotte Vieldebeseng, âgée de 70 ans, section de l'Invisibilité; on a trouvé chez elle des *marques de féodalité;*

Femme Guillemot, rue de la Michaudière, femme très-fanatique, *ne croyant pas aux bienfaits de la révolution.*

Fille Saint-Chamant, agée de 15 ans, ex-noble, sœur d'émigré, beaucoup prononcée contre la liberté, quoique très-jeune.

J'en saute un grand nombre.

Ici le bon sens a tout-à-fait disparu ; on perd pied dans cette cruauté. Encore n'est-ce rien que cela. Nous en verrons de plus étranges.

Ce jour-là, c'était jour de guillotine, comme la veille, comme l'avant-veille.

Une charrette allait doucement au pas le long des quais, par un joyeux rayon de messidor. Elle emportait plusieurs malheureux, hommes et femmes, aux yeux fixes.

La foule la regardait comme elle eût regardé toute autre charrette; ces promenades étaient si communes !

Le cocher, gros garçon d'une physionomie réjouie et franche, murmurait un bout de chanson, interrompu de temps en temps par un coup de fouet donné à ses rosses.

Comme on passait sur le quai de l'Ecole, il leva la tête vers une fenêtre au cinquième étage, et envoya un baiser à une jeune fille très-jolie, qui se cacha en souriant derrière le rideau. C'était son amante. Ils se voyaient ainsi tous les jours.

— Hue, Maury! cria-t-il à la plus indolente de ses bêtes; hue, carcan! dépêchons-nous, nous avons eu souvent plus lourde charge.

Disant cela, le cocher retourna la tête sur son épaule et jeta un coup-d'œil d'inexprimable dédain aux condamnés, qui n'étaient ce jour-là que de pauvres diables, à peine blasonnés, un savant, quelques menus chevaliers, et des inconnus.

— Hum! petite fournée, dit le conducteur; Fouquier devient paresseux depuis quelque temps... Hé! citoyen, range-toi donc; tu vas te faire écraser, citoyen!

Le personnage auquel s'adressait cette interpellation marchait en tête du convoi comme les commissaires en tête des corbillards. Il se retournait par intervalles pour bien voir les victimes à la figure, et il continuait à marcher.

C'était un vieillard habillé d'une redingote olive et coiffé d'un chapeau rond.

— Drôle d'homme ! voilà trois semaines qu'il ne manque pas une exécution, tous les matins je suis sûr de le rencontrer à la porte de la Conciergerie. Il paraît que c'est sa manière de s'amuser à lui. C'est égal, ça doit bien flatter M. Sanson tout de même... Hue, Bailly ! hue, Maury !

On arriva sur la place de la Révolution et la charrette s'arrêta.

Le vieillard paraissait fort inquiet, il se levait sur la pointe des pieds.

Il disait :

— Il y en a un que je n'ai pas bien vu. Quel est-il? Celui d'en face, c'est le chevalier de Clidamant, je le remets fort bien, j'ai dîné plusieurs fois avec lui... Cet autre, c'est le petit Ponthieu, un avocat... Voici la comtesse de Versin; c'était une femme charmante; comment diable s'y est-elle prise pour être ici?... Elle regarde de mon côté, peut-être va-t-elle me reconnaître..... Non. Mais c'est celui du fond que je voudrais bien voir. Il cache sa tête dans ses mains .. Impossible de ..

— Gare donc! citoyen, gare donc!

Et l'on repoussait le vieillard qui ne se

décourageait pas et cherchait à se maintenir au premier rang.

Lorsqu'il vit le cocher descendre de son siége pour aider aux valets de l'exécuteur, il courut à lui et le saluant d'un courtois sourire, il lui offrit sa tabatière.

— Merci, dit l'autre brusquement, merci !

Le vieillard huma sa prise d'un air aimable, et montrant la charrette :

—Eh bien! dit-il, cela ne va donc plus, l'ouvrage?...

— Dame ! tu vois, citoyen ; il y a des jours mauvais. Demain ce sera peut-être mieux.

— Vraiment ?

Le vieillard parut enchanté.

— J'ai vu de fort belles décapitations, ajouta-t-il ; mais celle d'aujourd'hui me semble un peu mesquine ; j'aurais compté sur un général au moins ou sur un pair. Je suis fâché de ce contre-temps. Voyez, la place est presque déserte. Le tribunal se néglige, cela fait le plus vilain effet sur le peuple.

Un gendarme approuva silencieusement.

Je voudrais bien voir ce dernier condamné qui se tient courbé...

— Mais range-toi donc, citoyen ! Es-tu entêté, morbleu ! tu vas être confondu avec les condamnés, et l'on va t'empoigner comme tel.

— Ah ! voilà M. Sanson, continua le vieillard sans faire semblant d'entendre ; il monte sur l'échafaud ; il paraît soucieux aujourd'hui. Est-ce que la machine n'irait pas? Diable! ce serait contrariant.

— C'est un habitué, pensa le gendarme.

Le vieillard se donnait un mouvement infini pour ne perdre aucun détail de l'exécution qui allait avoir lieu.

— Je ne sais pas jusqu'à quel point je ne préférerais pas la place de Grève pour ces cérémonies-là. Vous rappelez-vous, citoyen, la mort du ci-devant marquis de Favras? voilà qui était imposant. Le terrain est trop vaste ici, une foule de

nuances vous échappent forcément.....
Ah! M. Sanson fait signe à la charrette d'avancer.

On a probablement reconnu dans ce vieux, le citoyen Noyal-Treffléan, un des meilleurs patriotes d'alors, fort considéré dans son district.

Le citoyen Noyal-Treffléan, que l'on désignait aussi sous le nom de *Céthégus*, était fou de républicanisme. Il ne quittait pas la place de la Révolution. Du reste, c'était un homme parfaitement conservé, il avait l'aspect blanc et doux des bourgeois les plus débonnaires.

Le citoyen Noyal-Treffléan prenait un vif intérêt à retrouver ses anciens amis sur les bancs des tombereaux. Il ne faut donc pas s'étonner s'il cherchait tant à voir aujourd'hui ce condamné qui inclinait la tête.

— Je ne suis pas certain que ce soit un homme... attendons... Il faudra bien à la fin qu'il ou qu'elle montre sa figure.

Il savoura une seconde prise.

A un cahot de la voiture, rendue tout à fait au pied de la guillotine, il s'écria :

— Ah! c'est une femme!... la secousse lui a fait lever les yeux... Mais... oui... je connais ces yeux-là... je les ai vus chez moi... Oh! oh!

La femme qu'il regardait était d'une maigreur effrayante, ascétique. Elle promenait un regard froid et tranquille sur la place où elle allait périr.

— Eh! parbleu! dit le citoyen Noyal-Treffléan en frappant dans ses mains, j'y suis tout à fait, c'est cette petite danseuse de l'Opéra, cette Clarendon qui s'est faite religieuse-Carmélite.

L'éxécuteur Sanson avait fini d'inspecter la terrible manivelle; tout promettait de bien marcher. Il se mit à son poste.

Le tombereau s'ouvrit.

Au moment où le citoyen Noyal-Treffléan devenait le plus attentif, il se sentit tirer doucement par sa redingote.

Il se retourna et aperçut une jeune fille vêtue de blanc, agenouillée...

— Monsieur... sauvez ma mère... et

je vous aimerai... dit-elle à travers des sanglots.

Il poussa une exclamation d'étonnement.

C'était Trois-Mai, c'était la fille de la Clarendon.

CHAPITRE DEUXIÈME

II.

Les folies d'un grand seigneur. — *Suite.*

Trois-Mai, depuis quelques mois, avait abandonné la demeure du duc de Noyal-Treffléan, parce que, lasse de demander à cet homme l'histoire de sa naissance et le nom de la pauvre délaissée à qui elle devait le jour, son cœur l'avait emportée un beau matin vers la marquise de Perverie, la seule qui pût lui révéler ce secret.

Longtemps elle avait rêvé d'entreprendre ce voyage avec Emile, son ancien compagnon de souffrance, mais elle l'avait attendu en vain.

N'allez pas croire qu'il l'eût oubliée cependant. Il l'aimait, comme on pouvait aimer, alors qu'un vent mouillé de sang soufflait sur la France.

Paris, livré aux bouleversements quotidiens de la révolution, avait mis son cœur de côté pour ne garder que son cerveau bouillant. Emile, malgré lui, s'était laissé emporter par la fièvre politique.

Oh! cela est vrai, l'écho du canon et le sifflement du couperet suspendirent les battements amoureux des cœurs de ce temps-là. Les bons jeunes gens qui étaient nés pour respirer en paix la clématite et se mirer dans des yeux fidèles furent forcés de mentir à leurs instincts charmants. Le tourbillon passait sur eux, il éteignit leur sourire.

Tous s'armèrent de l'épée, ceux-ci pour la révolution, ceux-là contre elle; chacun croyait mettre la main sur la vérité, en fourrant son poing dans le sang.

Emile fut un des premiers; son caractère enthousiaste l'entraîna vers ce vacarme général qui, selon les faiseurs de paradoxes, précédait l'avénement de la liberté.

Liberté! infortunée déesse, tu es belle, sans doute, mais ton piédestal est hideux: c'est un amas de crimes à révolter l'ange du mal lui-même!

Emile, brin d'herbe mis à flot par une inondation, crut à sa générosité des idées nouvelles et à la philanthropie de Robespierre. Ce devait être plus tard pour lui un remords et une honte ; mais à ses oreilles on criait si fort qu'il ne put entendre sa conscience qui lui disait de ne pas se hâter.

Et alors, au milieu de la mêlée, comment eût-il pris le temps de songer à son amour ? Quel est le soldat qui écoute la fanfare, tandis qu'on se bat et qu'on tue à ses côtés.

Or, l'amour c'est la musique de la vie ;

il faut que le ciel soit bien calme et qu'on ait la tête bien reposée pour en savourer les mélodies.

Ne voyant donc plus revenir Emile, Trois-Mai profita de l'indépendance sans bornes que lui laissait le duc, et s'étant renseignée sur le lieu où la marquise de Perverie avait son château, elle partit.

La marquise de Perverie, devenue la *citoyenne Perverie* avait jusqu'à ce jour échappé aux scélératesses des patriotes, grâce à la modestie de son existence et aux nombreux bienfaits qu'elle répandait aux environs de Nantes.

Quand la jeune fille lui eut dit qui elle était et le but de sa visite, la marquise leva sur elle un regard plein de tristesse.

— Mon enfant, répondit-elle, pendant longtemps je vous ai cherchée avec anxiété dans Paris ; j'avais pour vous des sentiments de mère quoique je ne sois que l'amie de celle qui vous a mise au monde. Je ne vous dirai pas combien mes perquisitions furent pénibles et difficultueuses. Lorsque j'appris que vous étiez à Versailles chez M. le duc de Noyal-Treffléan, cette nouvelle me fit autant de mal que si l'on m'eût annoncé votre mort. Vous savoir avec cet homme... et ne pouvoir vous arracher à lui, car dans les premiers temps il vous gardait presque à vue; vous savoir livrée aux influences de sa redoutable philosophie et peut-être imbue déjà de ses systèmes, tout cela me glaça le cœur, et lorsque votre mère me demanda :

— Qu'est-elle devenue?

Je lui répondis :

— Priez pour elle, Dieu seul peut la sauver!

Cet accueil déchira le cœur de Trois-Mai.

— Madame ! dit-elle, si j'avais été indigne de ma mère, serais-je venue ici comme je suis venue, seule, presque sans ressource, à travers tous les dangers de notre époque, pour vous supplier à mains jointes de me conduire à ses pieds si elle est vivante, à son tombeau si elle est morte !

La marquise la baisa au front en versant des larmes de joie.

— Pardonnez-moi, mon enfant ; oui,

je vois maintenant que votre bon ange n'a pas cessé de veiller sur vous. Rassurez-vous donc, votre mère existe.

— Ma mère !

— Elle est près de nous.

— Et vous me la ferez connaître ?

— Oui.

— Quand ?... s'écria la jeune fille avec cet accent que l'âme avide de bonheur communique à la voix.

— Aujourd'hui même.

Ce mot la fit pâlir.

Elle ne put que se précipiter sur les mains de la marquise de Perverie et les couvrir de baisers.

Il y a sur les bords de la rivière d'Erdre, non loin du château de Perverie, les quatre murs noircis d'un ancien monastère ayant appartenu à l'ordre du Mont-Carmel. Oublié par miracle dans la saulée qui le voilait, ce monastère existait encore au commencement de la terreur.

La moitié des religieuses l'avaient déserté, craignant la dénonciation et l'incarcération : il n'y restait que les plus résolues et les plus saintes, des femmes à qui les tourments de ce monde importaient fort peu et qui préféraient aller au-devant du martyre plutôt que de l'éviter. Les paysans qu'elles ne gênaient en rien fermaient les yeux sur leur dévotion clandestine, et au fond ils n'étaient pas fâchés qu'on priât pour eux.

Ce fut dans ce couvent que la marquise de Perverie conduisit Trois-Mai.

L'exiguïté avec laquelle le règlement

de Sainte-Thérèse sacrifie aux besoins matériels et aux attachements de famille irrite l'œil profane, parce qu'il faut, avant d'oser sonder cette vie d'ascétisme, s'être agenouillée sur la pierre et l'avoir mouillée de ses larmes.

A la vue de la grille hérissée à travers laquelle sa mère allait lui apparaître, Trois-Mai sentit un frisson douloureux. Tout faisait silence à l'intérieur; on entendait à peine le bruit d'un tabouret remué ou le frôlement d'une robe de laine.

Enfin, on s'approcha du parloir, puis de la grille.

Une voix, qui transperça la jeune fille, prononça plaintivement deux ou trois mots latins, pieux salut que doivent également échanger les trépassés s'ils se rencontrent dans les plaines éternelles.

Après quoi, un rideau tiré permit au regard de pénétrer jusqu'à la sœur Elisabeth-des-Anges.

Un combat terrible avait lieu en ce moment dans le cœur de cette femme : la nature poussait des cris déchirants, et les lois de Sainte-Thérèse étouffaient de leur poids lugubre ces derniers mouvements humains.

C'est pourquoi la sœur Isabelle était si pâle.

Il avait été impossible à madame de Perverie de prévenir la religieuse, et de la préparer elle-même à ce coup inattendu. Les moyens intermédiaires offraient alors d'invincibles difficultés, et, d'un autre côté, l'impatience filiale se fût avec peine soumise à de nouveaux retards.

La sœur tourière, en annonçant la marquise et une jeune fille nommée Trois-Mai, avait seule appris à la pécheresse repentante l'épreuve douloureuse à laquelle la Providence venait la soumettre.

Brisée par les battements de son cœur, blanche comme une de ces belles statues de marbre qui décorent les cénotaphes princiers, elle n'osait lever les yeux, craignant d'être emportée par la voix de la nature.

Après s'être recueillie dans un effort surhumain, elle arrêta cependant son regard sur la figure de Trois-Mai inondée de larmes.

Il y avait une certaine ressemblance

entre la jeune fille et la carmélite, mais il en eût été autrement qu'elles se fussent reconnues aussi bien. Un lien magnétique unissait leurs âmes et disait la vérité comme eussent pu le faire des registres fouillés ou des témoins attendris.

— Ma mère ! s'écria Trois-Mai.

Et ce cri retentit au loin sous les froides voûtes du monastère.

Madame de Perverie sanglotait. Sœur Elisabeth, le souffle suspendu, les traits tourmentés, ne pouvait ni parler ni pleurer.

Trois-Mai se précipita contre la grille, dont les ferrures établissaient entre elle et sa mère une barrière infranchissable. Elle se déchira aux piques de ce cruel instrument de réclusion, mais quelque mignons et effilés que fussent ses doigts, ils ne purent accomplir que la moitié du chemin.

— Oui, dit enfin la carmélite, vous êtes ma fille, et s'il m'était permis d'écouter l'impulsion de mon cœur, j'irais vers vous pour vous presser dans mes bras et ne plus vous quitter ; mais j'obéis à mes vœux en enfermant au dedans de moi les pensées qui m'émeuvent si vivement à cette heure. Dieu m'a accordé une grâce en me permettant de vous voir.

Souverainement bon envers vous comme envers moi, il vous a faite belle de cette beauté qui dit des vertus ; je l'en remercie en m'humiliant devant son ineffable puissance ; mais à ces regards que j'échange avec vous, à cet entretien qui est l'instant le plus doux de ma vie, doivent se borner les exigences de mon amour pour vous. La vie corporelle est celle qui n'est réellement rien sur la terre, rien à moins qu'elle ne soit employée à notre purification. Efforcez-vous donc, mon enfant, vous que j'aime, vous n'en doutez pas, efforcez-vous de vous unir à moi dans la vie immatérielle, afin que nos cœurs s'élèvent ensemble vers Jésus-Christ, et que nos âmes se rencontrent un jour dans la béatitude céleste.

L'accent qui accompagnait ces mots exprimait l'immensité du sacrifice que la carmélite faisait en ce moment, car chacune de ses paroles emportait avec elle un lambeau de son cœur.

— Oh! non, dit Trois-Mai, non, il n'est pas possible que vous vous soyez condamnée à vivre éternellement séparée de moi. Si vous saviez combien j'ai été malheureuse du jour où je me suis aperçue qu'il manquait à ma vie d'enfant les délicieuses caresses d'une mère ! Voyez, je vous ai trouvée si tard, c'est bien le moins que nous nous aimions maintenant. Il y a quinze ans que je vous appelle, et au moment où vous pouvez m'entendre, vous resteriez sourde à mes sanglots !

— Trois-Mai, au nom de tous mes malheurs que vous ne connaissez pas, au nom de mes souffrances que vous ignorerez toujours, je vous supplie de m'aimer comme si j'étais morte et comme si au travers des barreaux de mon sépulcre il vous était permis de vous entretenir encore avec moi.

Longtemps cette scène navrante se continua en ces termes ; la carmélite eut peine à obtenir que Trois-Mai renonçât au fol espoir de l'entraîner hors du couvent.

Madame de Perverie, du reste, vint à son secours, en expliquant à Trois-Mai qu'il n'en était pas d'une vocation déterminée par le repentir comme d'une exagération de piété mise en travers des devoirs de famille.

Et Trois-Mai se résigna à ne voir en sa mère qu'un ange gardien présidant à toutes ses pensées.

Cette entrevue solennelle ouvrit des relations fréquentes entre sœur Elisabeth et la jeune fille. Aussi souvent qu'il leur fut possible, madame de Perverie et elle revinrent écouter ses douces et chrétiennes paroles.

De Nantes au monastère, il n'y avait pas grande distance; elles accomplissaient le trajet à pied, comme une simple promenade, afin de ne pas éveiller l'attention de la police révolutionnaire qui avait étendu sur toute la France son réseau sanglant.

Mais, un jour qu'elles se dirigeaient vers le couvent, elles aperçurent de loin une colonne de fumée, gigantesque panache d'un incendie immense.

Effrayées, elles s'arrêtèrent sous le poids d'un même pressentiment. La pauvre Trois-Mai tomba à genoux, en s'écriant :

— Mon Dieu! si c'est le couvent qui est ainsi en flammes, sauvez ma mère, ou permettez-moi de mourir avec elle!

Leur cruelle incertitude ne fut pas de longue durée. Au devant d'elles s'approchait une charrette flanquée de soldats.

C'étaient des royalistes que l'on dirigeait sur Paris.

Pauvres royalistes ! Triste gouvernement, réduit à craindre de pareils ennemis, trois carmélites et un vieux prêtre !

On avait par le feu détruit leur repaire, c'est-à-dire leur couvent, et parce que la ville de Nantes répugnait à voir guillotiner des gens d'église, on envoyait à Paris ces nouvelles victimes condamnées d'avance.

Parmi elles, Trois-Mai reconnut sa mère.

Je renonce à peindre la terreur de l'enfant et de la marquise de Perverie. Sans hésiter, elles s'élancèrent vers la fatale charrette.

Cette fois, la carmélite ne put refuser son étreinte maternelle à sa fille.

Ce fut un spectacle à navrer les soldats patriotes, ces braves gens qui, par ignorance, se faisaient les rouages de la grande machine à meurtres.

De Nantes à Paris, elles firent le voyage en mangeant le pain noir qu'on leur distribuait et en chantant des cantiques lorsqu'elles avaient froid ou soif.

Arrivés au lieu de destination, les prétendus royalites furent enfermés à Saint-Lazare, mais aucune supplication ne put faire admettre Trois-Mai ni madame de Perverie parmi eux.

C'était ainsi alors : il suffisait de demander la mort pour qu'on vous épargnât.

Le procès des carmélites et du vieux prêtre fut aussitôt fini que commencé; la voix du geôlier vint les appeler à passer par les mains de l'exécuteur des arrêts criminels du tribunal révolutionnaire.

C'est pourquoi M. le duc de Noyal-Trefflèan avait reconnu la sœur Elisabeth-des-Anges dans le lugubre tombereau.

CHAPITRE TROISIÈME.

II.

Les folies d'un grand seigneur. —*Suite*.

—Sauvez ma mère, et je vous aimerai!

Ce cri, dans ses émouvantes syllabes, avait enveloppé le cœur du duc de Noyal-Treffléan.

Tu m'aimeras?... bien sûr?... répéta-t-il.

—Oh! oui.

—Et pour toujours au moins, cette fois?

—Pour toujours, dit Trois-Mai.

—Mais comment faire? se demanda-t-il; quel moyen employer?

Il tournait la tête aux quatre coins de la place. Il regardait l'échafaud où Sanson se tenait, coiffé d'un bonnet de fourure à queue de renard, surmonté d'une cocarde plus large que la main. Il aurait voulu crier :

—Arrête!

Mais cette manifestation lui eût coûté la vie, sans sauver celle de la carmélite.

Trois-Mai l'interrogeait des yeux avec angoisse.

—Mon père?...

—Oui... attends... attends... je vais trouver...

Mais il ne trouvait pas, et le temps se passait, et dans moins d'un quart d'heure peut-être tout allait être consommé.

Le premier condamné était au pied de l'échafaud, un vieillard, à qui l'on avait coupé sa dernière poignée de cheveux à qui l'on avait lié les mains par derrière. Il marchait lentement (cela se conçoit): le peuple en prenait de l'impatience.

—Allons donc tas de lambins! est-ce

que vous n'en finirez pas aujourd'hui?

Cette apostrophe, qui souleva quelque jovialité dans la foule, partait d'un homme en carmagnole, qui lui aussi paraissait s'intéresser à l'exécution.

Trois-Mai en fut saisie à un tel point qu'elle faillit en perdre connaissance.

Au contraire, le duc de Noyal-Treffléan fit un haut-le-corps de contentement, et courut à ce particulier, que sa voix venait si heureusement de trahir.

—Soleil! s'écria-t-il.

—Eh bien! quoi? qu'est-ce? dit l'intendant, dont le régime républicain avait considérablement modifié les respectueuses allures,

—Un mot à l'écart.

—Vous choisissez drôlement votre temps, vous! répliqua Soleil; attendez au moins que l'affaire soit baclée.

—Tout de suite! dit le duc.

—Allons, soit.

Tous deux prirent du champ, Trois-Mai les suivait, effarée, anxieuse....

Lorsqu'ils furent loin des oreilles indiscrètes, le duc parla ainsi:

—Tu vois cette femme... assise.... seule... sur le dernier banc de la charrette?

—Oui, c'est la Clarendon.

—Comment le sais-tu?

—Est-ce que je ne lis pas tous les matins l'affiche de Tisset?

Ce Tisset était un libraire qui avait mis pour enseigne au-dessus de sa porte une guillotine coloriée, entre les montants de laquelle étaient inscrits les noms des personnes qui devaient périr dans la journée sur les quatre places affectées aux exécutions : place de Grève, place du Carrousel, place de la Révolution et place du palais.

Le duc continua :

—Aujourd'hui ce n'est plus la Clarendon ; c'est la mère de Trois-Mai.... de ma fille.

—Comme vous voudrez, dit François Soleil.

—Cent mille francs pour toi si tu la sauves !

—M. le duc sait bien que cela m'est impossible.

—Deux cent mille frans !

—Pour trois cent mille, je ne pourrais vous satisfaire.

—Eh bien ! reprit le duc qui surprit

un regard suppliant de sa fille; eh bien! toute ma fortune!

—Vous tenez donc beaucoup à sauver cette femme? dit Soleil étonné.

—Moi particulièrement? non, répondit le duc en baissant la voix; mais c'est ma fille qui y tient.

Et sur un geste de son interlocuteur :

— Que veux-tu, Soleil?... j'ai des cheveux blancs, et personne ne m'aime... C'est une faiblesse, je le sais... empêche qu'on exécute cette religieuse, et ma fortune est à toi.

—Votre fortune… votre fortune .. Autrefois c'était quelque chose.

— Tu refuses?

— Non. J'accepte.

Le duc de Noyal-Treffléan contint mal un éclair de joie sous ses cils blanchissants.

— Dépêche-toi, dit-il, car il n'y a pas une minute à perdre.

— J'entends, répondit François Soleil, mais auparavant nous avons une petite formalité à remplir.

— Quoi encore ?

— Oh ! presque rien... un simple engagement à signer.

— Un engagement ? moi !

— Oui, monseigneur.

— Avez-vous donc perdu la raison, M. Soleil ?

— Non, citoyen, répondit l'intendant avec effronterie.

Le ci-devant duc sentit le chaud de la colère monter à son visage.

Mais sa fille était là, les mains jointes, qui attendait; et il ne pouvait pas décemment lui marchander la vie de sa mère.

— Oh! tu me payeras ton insolence, drôle! grinça-t-il entre ses dents.

Soleil l'entraîna vers une des échoppes qui salissaient la place de la Révolution...

Trois-Mai resta sur le seuil, à genoux, priant Dieu pour sœur Elisabeth-des-Anges.

Mais, malgré elle, ses regards se tournaient toujours vers le chariot de la mort, et malgré elle aussi elle fut témoin d'un affreux spectacle.

C'était l'exécution qui commençait.

Une fois au haut de l'échelle, le premier condamné, le vieillard, se vit empoigné par quatre bras, comme un fardeau, et posé contre la bascule. Puis la bascule fut renversée. Puis elle fut poussée.

Un aide s'assura que le cou était bien dans le cintre.

— Bon, dit-il, le pain est sur la pelle, il n'y a plus qu'à l'envoyer cuire.

— Abaissez la traverse, cria Sanson; ôtez le cadenas maintenant. Bien. A présent, lâchez la déclique.

Le couteau fila, la tête disparut...

Trois-Mai avait fermé les yeux et poussé un cri.

Elle frappa vivement contre la porte de l'échoppe.

— Mon père ! mon père ! hâtez-vous...

— Un instant donc ! répondit la voix grossière de François Soleil.

— O mon Dieu ! disait Trois-Mai.

C'était au tour du deuxième condamné, un jeune homme celui-là... Avant de l'envoyer dans l'autre monde la tête la première, le bourreau examinait sa machine et s'assurait qu'elle pouvait suffire à une ample consommation d'hommes, car c'était une machine neuve, une vierge.

La précédente s'était rompue après avoir tour à tour servi à madame Dubarry, la courtisane sans courage, qui pleurait, criait, donnait des coups de pieds à l'exécuteur; après avoir servi à Chénier et à Louis XVI, à madame Roland la fière et à mademoiselle de Corday-d'Armans la forte; elle s'était rompue, la digne minotauresse, lasse de donner son coup de dent à tant de monde, et la machoire détraquée par sa dernière indigestion de chair humaine.

On l'avait jetée dans un coin, on l'avait reléguée dans un grenier, pourrie et juteuse, et je m'étonne que pas un collectionneur ne se soit empressé de l'acquérir. Elle eût bien figuré pourtant dans un magasin de bric-à-brac; de tous nos meubles historiques, c'eût été le plus horrible et le plus curieux.

Sanson donnait donc un œil de tendresse et de vanité à ce nouveau et cher petit rasoir national, qu'il venait si bien d'étrenner.

Il le flattait de la main, l'examinait du haut en bas et le trouvait irréprochable. Il se disait qu'il ne pouvait manquer de lui en revenir beaucoup d'honneur dans le monde.

Ce Sanson aurait pu être surnommé l'homme-guillotine. Il n'avait pas son semblable pour manier un échafaud : il le dressait et l'emmanchait; il posait les jumelles sans fil à plomb.

Avec lui, tout était en place, les traverses, les tenons, la barre, la déclique, la bascule; rien n'y manquait, et le mou-

ton jouait on ne peut mieux dans sa rainure graissée.

A cette époque, on ne suffisait pas à fabriquer ces mécaniques ; c'était Sanson qui présidait à leur confection, et qui les expédiait dans les départements, après avoir numéroté lui-même chaque morceau et y avoir joint des instructions complétaires écrites de sa propre main.

Les commandes se succédaient avec une telle rapidité que souvent on n'avait pas le temps de les peindre à la belle couleur rouge.

Sombre roi couronné de fer, bourreau, toi qui as si longtemps régné sur la France et qui, après lui avoir mis les menottes, lui as tiré tant de sang ! grand dénoueur de tragédies, acteur shakespearien d'une pièce inconcevable, Sanson, vieux Sanson ! est-ce que le sommeil de ta tombe (car tu as une tombe et tes victimes n'en ont pas) n'est jamais troublé par des visions de chemises rouges et par des processions de gens décapités?

J'ai vu une gravure qui te représente debout sur son trône qui est de pourpre aussi ; et dans cette gravure, chaque pavé de la place de la Révolution est une tête montée sur un clou : un million de têtes sur autant de clous! Toutes ces têtes se tournent vers toi pour te maudire; les unes ont les larmes aux yeux, les autres te bravent et te regardent fièrement; elles semblent t'attendre au tribunal de là-haut. Sanson! est-il possible que tu dormes dans un des cimetières de Paris, comme le premier bourgeois quelconque, sans que tes victimes s'en viennent toutes les nuits te tirer par les jambes en te disant :

Rends-nous nos têtes !

Pour moi, il me semble les entendre à

travers les plaintes des arbres. Celle-ci te dit :

« J'étais un savant illustre, une des gloires sérieuses du pays, j'avais demandé trois jours à la Convention pour achever un problème utile, on m'a refusé trois heures ; *rends-moi ma tête !* »

Celle-là te dit :

« J'avais seize ans, j'étais une jeune fille, presque un enfant, j'étais chérie et belle ; on m'envoya à la mort pour m'avoir surprise toute tremblante dans l'escalier de Robespierre à qui j'allais demander une grâce; *rends-moi ma tête!* »

De toutes parts, sous la terre qui se lève, on n'entend que ce cri, sorti de mille troncs sanglants :

Rends-moi ma tête!

Il se peut que Dieu te pardonne, ô Sanson! car Dieu a la sublimité de la miséricorde. Mais quelle ne devra pas être l'infinité de ton repentir, vieux bourreau de France, tueur de roi, tueur de reine, tueur de princes, tueur de mères et d'enfants! Combien d'éternités il te faudra pour te laver du fleuve de malédictions qui coule sur toi !

Revenons à nos faits.

Au pied de l'échafaud neuf, dansaient et chantaient celles que l'on avait surnommées furies de guillotine et qui s'énorgueillissaient de ce surnom. Elles étaient bien douze au moins, dignes toutes les douze des créations des poètes les plus forcenés.

Autrefois elles avaient été des femmes...

Elles se tenaient par la main et répétaient en chœur, après chaque tête tombée ou après chaque saut de carpe, pour leur emprunter une de leurs expressions, elles répétaient le national refrain :

Ah ! ça ira, ça ira !
Les aristocrates, on les pendra ;
Par la liberté tout s'établira.

Ces danses et ces chants que Trois-Mai entendait et voyait, augmentaient sa terreur filiale.

Pour la seconde fois elle heurta contre la porte de l'échoppe, en s'écriant :

— Mon père... oh ! mon père !... il sera trop tard...

A la fin, le duc de Noyal-Trefflèan reparut. Il venait de signer à François Soleil l'entière donation de ses biens, lesquels, quoique fortement écornés par les prodigalités du propriétaire, étaient encore considérables.

— Mais me voilà ruiné ; avait-il dit.

— Non, monseigneur ; jusqu'à la fin de vos jours je m'engage à vous procurer surprises et plaisirs, comme par le passé.

— Allons ! pensa le duc ; ma fille m'aimera ..

François Soleil, son acte en poche, s'élança vers l'échafaud qui fonctionnait rapidement.

Un, deux, trois, quatre condamnés s'étaient succédé sur la planchette ; le cinquième montait à l'échelle, et en montant il riait au nez de la foule :

— Hue ! l'aristocrate, hue ! criaient les furies indignées ; va éternuer dans le sac ! va rire dans le panier, mon fifi !

Le condamné, qui avait beaucoup de sang-froid, cracha sur elles, une fois qu'il fut monté.

C'était un charmant garçon.

Un jeune vicomte, je crois.

Mais bien lui en prit d'être poussé promptement sur la bascule par l'aide-bourreau et d'être en une seconde débarrassé de sa tête ; car les furies, parmi lesquelles avait couru un frémissement de rage, s'étaient précipitées à la fois sur les degrés de la guillotine.

Une seconde plus tard, elles l'eussent égorgé de leurs mains, déchiré, mis en pièces !

Soleil profita avec habileté de ce mouvement pour se glisser parmi les valets de l'exécuteur. Il frappa sur l'épaule et l'un d'eux et lui parla à l'oreille.

Celui-ci fit un geste de tête négatif, et lui montra du doigt un autre valet, le maître-valet, qui s'occupait avec Sanson à repousser les femmes.

Près de la statue de la Liberté où ils

s'étaient retirés, le duc de Noyal-Treffléan et sa fille suivaient cette scène avec l'intérêt que l'on comprend.

Le regard de Trois-Mai se partageait entre l'échafaud, où se débattait une question de vie ou de mort, et le tombereau sur lequel sœur Elisabeth-des-Anges murmurait une suprême oraison dont elle croyait bien que l'*amen* allait être prononcé par le couperet.

Soleil joignit sur l'échelle le maître-valet, qui était un de ses intimes, et lui expliqua l'affaire en peu de mots; car ni l'un ni l'autre n'avaient le temps de causer.

Le maître-valet haussa les épaules et voulut remonter ; alors Soleil tira le papier signé du duc, il le lui montra.

Ce colloque s'échangea entre eux :

— Laisse-moi.

— Veux-tu cinquante mille ?

— Allons donc, c'est risquer ma tête pour sauver celle de ta religieuse ; pas si bête. Va-t'en.

— Combien donc !

— Rien du tout ; Sanson est terrible, il me tuerait. Descends.

Soleil descendit.

Pendant ce temps-là, le maître-valet réfléchissait.

Il rappela Soleil, alors que le pied de celui-ci abandonnait le dernier échelon.

— Le partage ! lui dit-il.

— Soit, répondit l'autre.

Sanson pourchassait toujours les furies en leur disant :

— Vous voyez qu'il est bien mort; est-ce que Sanson manque jamais son coup? Allons, tenez-vous tranquilles, on va vous montrer sa tête...

Tandis que Sanson parlait ainsi, le maître-valet avait prestement remonté le couteau de la guillotine et avait tout mis en œuvre comme pour l'exécution qui allait suivre, lorsque tout à coup, au moment où l'on s'y attendait le moins, le couteau mal fixé descendit et s'abattit à faux sur un sac de cuir renfermant une hache de main, des tenailles et plusieurs autres instruments de fer.

Il y eut un broiement sourd.

Le couperet était ébréché en plusieurs endroits.

Quand il vit Sanson accourir, après avoir lâché le plus tempétueux de ses jurons (un juron de bourreau!), l'imprudent valet eut envie de se précipiter en bas de l'échafaud; mais la première pensée de l'exécuteur n'avait été que pour son couperet.

Un si beau couperet ! et neuf comme sa guillotine ! Voilà qu'il ne pouvait plus servir maintenant.

On imagine bien que, lorsque Sanson se retourna pour châtier l'auteur d'un tel méfait, on imagine bien, dis-je, que celui-ci avait disparu.

— Allons, grommela le bourreau, remettons la partie à demain...

Il ne restait plus dans la charrette que deux condamnés, le vieux prêtre et la carmélite.

Le peuple murmura bien un peu ; mais quoi ! l'instrument faisait défaut, et Sanson avait donné assez de preuves de civisme pour qu'on ne l'accusât pas de connivence avec le hasard.

Quelques furies cependant, qui voyaient à regret leur échapper cette proie, lui conseillèrent de recourir à la pendaison ; il leur répondit qu'il devait strictement se conformer aux instructions du comité de salut public. Ah ! sans cela...

La charrette se remit donc en route, au grand étonnement des deux condamnés, et à la joie profonde de Trois-Mai.

— Ce Soleil est vraiment un maraud incomparable! pensait le duc de Noyal-Trefflèan qui avait apporté à l'examen de cet épisode la triple attention du père, du propriétaire et de l'amateur.

De son côté, François Soleil n'eût pas plutôt vu le tombereau disparaître après avoir tourné les Tuileries, qu'il hâta le pas.

— Tout n'est pas fini; il s'agit maintenant d'obtenir la grâce de la religieuse; courons chez Robespierre.

La place de la Révolution se vida peu à peu.

Il n'y resta bientôt plus que le père et la fille.

Celle-ci allait se retirer, lorsque le duc lui dit :

— Vous êtes faible et souffrante, laissez-moi vous accompagner.

Après le sacrifice qu'il venait de faire en faveur de sa mère, Trois-Mai aurait eu mauvaise grâce à le refuser.

Elle s'appuya donc sur son bras, et silencieusement contraints, tous les deux arrivèrent devant une modeste maison de la rue de Thionville.

Là, Trois-Mai s'arrêta en baissant les yeux.

— Puis-je entrer? demanda timidement le duc de Noyal-Treffléan.

Elle hésita.

— J'habite avec madame de Perverie, répondit-elle.

Le duc fit une grimace à ce nom qui lui rappelait un de ses crimes.

— Je comprends, murmura-t-il.

Et il ajouta avec quelque amertume :

— Madame de Perverie m'empêchera-t-elle de pénétrer chez ma fille ?

— Non, dit Trois-Mai avec un angélique sourire ; elle et moi nous viendrons vous ouvrir le jour où vous nous ramènerez ma mère.

CHAPITRE QUATRIÈME.

IV.

Les folies d'un grand seigneur. — *Suite*.

Robespierre était seul dans son cabinet.

Il venait de sortir de la Convention, avec son escorte composée de Nicolas le noir, de Didier, de Girard et de plusieurs juges du tribunal.

On voit que ce tyran avait ses *gardes du corps.*

Au moment d'arriver chez lui, une partie de l'escorte se séparait, allait ouvrir la porte avec empressement et attendait l'ex-avocat d'Arras qui se présentait toujours avec un air de grande importance.

Il était seul dans son cabinet.

Ses traits comme son caractère s'étaient sensiblement assombris depuis ces dernières années.

Ses yeux petits et ternes s'étaient rougis de taches sanglantes.

Pâle déjà de sa mort future, comme on l'a dit, la terreur qu'il avait portée dans les âmes commençait à retomber dans la sienne.

Un grand nombre de lettres jonchaient son bureau.

Il les décachetait avec une curiosité fébrile et les parcourait.

C'était des rapports de police et des messages d'agents révolutionnaires, datés de tous les coins de la France. L'ombrageux dictateur avait couru d'abord aux espionnages et aux dénonciations.

Un de ces papiers suffira pour faire juger de la nature de tous les autres :

« Hier, le député Thuriot, au sortir de la Convention nationale, est allé rue des Fossés-Saint-Bernard, section des Sans-Culottes, n° 1220, où il est entré pour dîner. Il est sorti de cette maison à sept heures et demie ; il a ensuite rencontré un citoyen sur le quai de l'Ecole, section du Muséum, proche le café Manoury, où ils sont entrés et ont bu ensemble une bouteille de bière. Après, il est allé rue d'Orléans-Honoré, maison de la Providence, meublée, n° 16, où il s'est arrêté environ vingt-cinq minutes. Il est sorti à huit heures et demie, avec une citoyenne qui avait une lévite couleur puce et un grand châle à bordure de couleur, jupon blanc et sur sa tête un mouchoir blanc arrangé de manière qu'il formait un bonnet. Ils sont allés ensemble jardin Egalité où ils ont fait plusieurs tours, après lesquels ils sont allés place Egalité, au n° 163. Ils y sont entrés à neuf heures et demie, ils ont soupé et à onze heures ils

n'en étaient pas encore sortis. Je me su
retiré n'étant pas certain s'ils en sor
raient. »

— Imbéciles agents ! niais ! murm
ra-t-il.

Robespierre décacheta encore quelqu
autres rapports sur Tallien, qui depu
deux ou trois jours avait des convers
tions mystérieuses, avec *un homme
gros bâton, en veste rouge et blanche
grandes raies*, sur Bourdon (de l'Oise)
bâillait à la Convention pendant que l'
apprenait les nouvelles avantageuses; s

egendre, sur Barère, sur tout le monde
nfin.

Il ne vit rien qui l'intéressait.

Quant aux dénonciations, elles ne
ortaient que sur de pauvres diables in-
lignes de la mort, indignes de la vie ; c'é-
aient des commérages dans le genre de
elui-ci, signé par une femme Labesse,
ue de l'Egalité :

« On peut envoyer chercher la ci-
oyenne Fiot et la nommée Lacroix, qui
lemeurent même rue que moi, n° 336.
Un jour, étant chez moi, je ne me sou-

viens pas du commencement de leur conversation, parce que j'étais occupée à quelque chose ; mais ce qui m'a frappée, c'est que la citoyenne Fiot se mit en colère et dit à la Lacroix :

« — Tais-toi donc, à t'entendre il semblerait que Robespierre est un intrigant.

« Elle lui prit la main et lui dit :

« — Tu as mis le nez dessus, tu mangeras de la bouillie. »

Impatienté, Robespierre déchira plutôt

qu'il n'ouvrit cinq ou six lettres encore,
toutes d'écriture inconnue, lettres ano-
nymes celles-là, lettres de menace et de
fureur.

Une d'entre elles le frappa cependant,
voici ce qu'elle disait :

« Tu vis encore, tigre imprégné du
plus pur sang de la France! tu vis encore!... Ecoute, lis l'arrêt de ton châti-
ment. J'ai attendu, j'attends encore que
le peuple sonne l'arrêt de ton trépas, que
juste dans sa fureur, il te traîne au supplice. Mais si mon espoir était vain, s'il

était différé, écoute, lis, te dis-je : cette main qui trace ta sentence, cette main que tes yeux égarés cherchent à découvrir, cette main qui presse la tienne avec horreur, percera ton cœur inhumain... Tous les jours je suis avec toi, je te vois tous les jours ; à toute heure mon bras levé peut chercher ta poitrine... O le plus scélérat des hommes, vis encore quelques jours pour penser à moi ! dors pour rêver de moi ! Que mon souvenir et ta frayeur soient le premier appareil de ton supplice !...

« Adieu, ce jour même en te regardant, je vais jouir de ta terreur. »

Robespierre achevait à peine la lecture de cette effrayante épître, qu'un léger bruit de pas se fit entendre derrière lui.

Il se leva, épouvanté...

Il croyait déjà apercevoir son futur assassin !

Ce n'était que son secrétaire, qui venait prendre ses ordres.

Robespierre se remit avec promptitude, et, rejetant froidement la lettre anonyme sur son pupitre :

— Il me semblait que je t'avais défendu d'entrer dans mon cabinet avant que je t'eusse fait prévenir, citoyen Emile!

— Si ma présence te gêne, Robespierre, je suis prêt à me retirer.

— Non, demeure. Toute cette correspondance me fatigue.

Je ne sais ce que j'éprouve aujourd'hui, mes mains sont moites et j'ai du feu dans la tête.

Assieds-toi, et prends cette liasse ; ce

sont les rapports des départements. Ne me lis que les faits essentiels.

Pendant qu'il parlait, le secrétaire Emile, c'était notre héros, l'examinait avec attention. Il avait été surpris, en entrant, de l'altération des traits de Robespierre. Emile s'assit sans prononcer une parole, et commença le dépouillement qu'on lui commandait.

— Eh bien? dit Robespierre après un instant.

C'est d'abord Pilot qui t'écrit de Ville-Affranchie que sa santé se rétablit chaque jour par l'effet de la destruction des aristocrates. La fusillade et la guillotine ne vont pas mal, dit-il ; soixante, quatre-vingts, *deux cents à la fois sont fusillés*, et tous les jours on a le plus grand soin d'en mettre de suite en état d'arrestation pour ne pas laisser de vide aux prisons.

— Est-ce tout ?

— Il te prie encore d'abonner au *Journal des Débats* et à celui de *la Montagne* l'administration du district de Ville-Affranchie.

— Ceci te regarde, citoyen Émile. Prends-en note.

— Je crois, ajoute Pilot, que la présente trouvera ma femme auprès de toi; embrasse-la bien pour moi, *et pour toi si tu veux*. Il dit encore qu'il s'occupe de te faire passer plusieurs paires de bas.

— A une autre, fit Robespierre.

— Celle-ci est de Payan, contenant sous son pli un rapport du citoyen Benêt. greffier de la commission populaire d'Orange.

— Voyons le rapport du citoyen... Benêt.

« Je t'envoie ci-joint, mon cher ami, quelques exemplaires des premiers jugements de la commission; tu les recevras exactement à l'avenir. Je me charge d'autant plus volontiers de cette tâche, qu'ayant été toi-même acteur anti-fédéraliste dans le Midi, tu ne pourras voir qu'avec plaisir tomber les têtes contre-révolutionnaires. Depuis primidi, plus de soixante scélérats ont courbé le front; le peuple a applaudi avec transport à leur chute. Tu connais la position d'Orange; la guillotine est placée devant la montagne. On dirait que toutes les têtes lui rendent en tombant l'hommage qu'elle mérite; allégorie précieuse pour de vrais amis de la liberté! Cela va, et ça ira! Adieu, mon ami, je t'embrasse. »

— Ce Benêt vaut mieux que son nom, objecta Robespierre en souriant; il faudra lui confier un poste et un emploi de plus d'importance. Continue, citoyen Emile.

Emile continua.

Sa figure était triste et sévère.

— Deux lettres de Julien fils, dit-il, en date de Bordeaux.

— Ah! ah! ce jeune homme de dix-neuf ans qui donne de si belles espérances. Qu'est-ce qu'il me mande?

— Il dénonce Ysabeau, dont la conduite pacifique tend à discréditer le comité.

— En quels termes?

« Le moment est venu de révolutionner Bordeaux; mais celui qui commencera ce travail, surtout après un homme aussi modéré qu'Ysabeau, ne sera pas aimé. Le président de la commission révolutionnaire, Lacombe, m'a rapporté que, se promenant avec lui après l'exécution de Danton et d'Hébert, Ysabeau lui dit qu'il voyait avec peine qu'on guillotinât un grand nombre de montagnards. Lorsque moi-même j'eus parlé, hier, contre le fanatisme, qui est encore tout puissant, Ysabeau soutint qu'il était mort, et qu'il n'y avait plus que six prêtres dans le département, ce que j'ai vérifié être absolument faux. C'est ainsi qu'il trompe et flatte le peuple... »

— Diable! voilà des faits graves, murmura Robespierre. Ensuite?

« Ysabeau a eu le malheur de se laisser approcher par les négociants. Il a eu de superbe pain blanc, tandis que le pauvre trouve à peine des fèves ou un mauvais morceau de pain noir. J'ai vu de mes propres yeux ce spectacle; et le soir, au théâtre, on joue en présence d'Ysabeau un ballet où des bergers forment ces mots avec des guirlandes de fleurs :

Ysabeau, Liberté, Égalité,

associant ainsi le nom d'un homme aux noms des deux divinités qui seules doivent exciter l'enthousiasme et l'idolâtrie du peuple français. »

— Ce jeune Julien s'exprime très-bien. Voyons le reste.

« Ma santé s'est épuisée dans ces derniers travaux... »

— Pauvre garçon !

« J'ai la vue et la poitrine souffrantes. Néanmoins je continuerai à mériter la confiance des patriotes. Adieu, mon bon ami. Papa, maman et Auguste se portent bien. »

—Allons, dit Robespierre, il faudra

rappeler cet Ysabeau qui se fait tant aimer.

La correspondance était longue; elle était surtout monotone. De toutes parts on n'informait le tyran que de la grande transpiration révolutionnaire, pour parler comme Collot-d'Herbois. Oui, ce devait être fatigant, ainsi que disait tout à l'heure Robespierre. Toujours la guillotine, toujours des têtes, toujours le han! du bûcheron qui met sa coignée dans un arbre. Et ici l'arbre c'était la France. Il y avait de quoi donner des vertiges, même à Robespierre, surtout à Robespierre. Il est des heures où l'optique des événements s'embrouille tout à fait aux yeux des hommes placés sur le pic du pouvoir. Ils regardent encore, mais ils ne voient plus.

Comment Émile était-il devenu le secrétaire de ce monstre? Le comment des existences révolutionnaires sera toujours bien difficile, sinon impossible, à expliquer. Comment Henriot, cet épousseteur de guéridons, était-il devenu général de Paris? Comment Danton avait-il dépensé, bu et mangé tant d'argent? Comment tous ceux qui étaient en bas s'étaient-ils trouvés soudainement en haut? Dire cela, c'est dire comment les révolutions se font, c'est vendre le secret de la destinée.

Émile avait roulé dans tous les chemins de la république; il avait suivi chaque idole du jour, depuis Sylvain Bailly jusqu'au Neufchâtellois Jean-Paul Marat. Il avait interrogé tous les systèmes et tous les hommes. Il s'était mêlé au peuple, d'où il était sorti et où il aurait voulu rentrer; mais le peuple l'avait repoussé comme trop modéré et trop réfléchi dans l'action.

De système en système il en était venu à la terreur, d'homme en homme il en était arrivé à Robespierre. Pour éclairer sa religion, Emile ne pouvait pas mieux choisir. A l'ombre de ce colosse blême, il vit le vrai et le faux de toute chose, il se promena dans les coulisses de l'histoire ; il eut peur, ce jeune homme. Tout ces gens qui marchaient avec un courage affecté vers l'impasse de la mort lui donnèrent de pénibles transes. Il avait espéré longtemps en la Convention ; mais que pouvait la Convention dans un tel déchaînement de passions démuselées, et dont la moindre n'était pas la passion du sang ? Emile vit le gouffre, au lieu du port qu'il s'attendait à voir. Son âme devint chagrine jusqu'à la misanthropie ;

et n'ayant plus l'espoir, il eut le regret.

Ce fut l'histoire de bien des jeunes gens d'alors. Lui, bon et sensible, avec quelle répugnance n'accomplissait-il pas ses fonctions auprès de Robespierre! Mais il fallait marcher, marcher comme la révolution; nul ne pouvait impunément se détourner ou s'arrêter en chemin: ils l'ussent broyé, ceux qui venaient par derrière. D'ailleurs, une rage secrète poussait Emile, il voulait voir la fin de son rêve et assister au dernier soupir de son illusion...

Ce jour-là, Robespierre se retira de

bonne heure dans son appartement.

Émile, après avoir mis en ordre tous les papiers de correspondance, allait sortir à son tour lorsqu'il se trouva face à face avec François Soleil.

Émile avait un profond mépris pour ce valet, reflet odieux de son maître.

Aussi ne chercha-t-il pas à dissimuler sa contrariété.

— Vous ici? dit-il en le toisant.

Est-ce que cela vous étonne? répondit François Soleil; vous y êtes bien vous-même.

— Que voulez-vous enfin?

— Un service, puisqu'il faut parler bref.

— De moi?

— De vous.

Un sourire ironique passa sur les lèvres d'Emile.

Soleil le laissa passer.

— Savez-vous, reprit-il avec une imperceptible nuance de sarcasme, que vous êtes devenu un homme influent depuis que vous avez l'honneur d'approcher le grand, le sublime, l'incorruptible Robespierre?...

— Je suis pressé, dit Emile qui voulait briser cette conversation.

— Je comprends, répliqua Soleil; quelques arrestations à ordonner sans doute, des exécutions nouvelles. Ah! vous allez bien en besogne, recevez mes compliments, on vous renomme partout.

Emile frémit.

— Venez au but, dit-il.

— Le but, le voilà. Il vous surprendra probablement, n'importe. Je viens vous demander la grâce d'une pauvre femme qui doit être exécutée demain.

— La grâce d'une femme ? vous venez demander une grâce, vous !

— Moi.

— En vérité, je ne sais lequel des deux est le plus étrange, ou du mot ou de l'homme qui le prononce. Une grâce ! mais le tribunal lui-même ne pourrait vous l'accorder !

— Aussi n'est-ce pas au tribunal que je m'adresse.

— Mais Robespierre, entendez-vous bien, Robespierre ne saurait l'obtenir qu'à grand'peine !

— Aussi n'est-ce pas à Robespierre que je la demande.

— A qui donc?

— A vous, dit tranquillement François Soleil.

Emile le regarda bien entre les deux yeux, pour voir s'il ne se moquait pas ou s'il n'était pas fou; puis il haussa les épaules.

— Je vous répète que je suis pressé, laissez-moi partir.

— Vous ne m'avez pas répondu au sujet de cette grâce? continua Soleil qui ne s'émouvait de rien.

— C'est impossible.

— Impossible ?

Emile fit trois pas vers la porte pour se débarrasser de son interlocuteur.

— Alors, c'est dommage, dit flegmatiquement celui-ci ; car la pauvre femme pour qui je venais vous implorer ne vous est pas entièrement inconnue.

— Adieu.

— C'est la mère de Tois-Mai.

— Hein ?

A ce nom, Emile s'était brusquement arrêté.

Il courut au valet et lui saisit le bras.

— Qu'est-ce que vous avez dit?..... Quel nom avez-vous laissé échapper? La mère...

— La mère de Trois-Mai, oui, citoyen Emile.

— Elle doit périr demain sur l'échafaud?

— Elle devait même périr aujourd'hui, mais le coup a manqué. Ne le saviez-vous pas?

— O mon Dieu! mon Dieu! s'écria le jeune homme au comble du désespoir.

François Soleil le regardait en dessous.

— Eh bien? demanda-t-il après un moment de silence.

— Hélas! dit Emile, que voulez-vous que je fasse? je ne suis rien, je ne puis rien. Mon cœur est déchiré, mais ma volonté est impuissante.

— Trois-Mai en mourra.

— Comment faire? A qui m'adresser?

— A Robespierre, parbleu !

— Ah ! s'écria-t-il, vous ne connaissez pas Robespierre, vous qui venez parler de grâce dans sa maison!

— Un blanc-seing de lui suffirait.

— Jamais il ne m'en laisse.

— Il faut vous en procurer.

Emile réfléchissait.

Tout-à-coup une résolution énergique s'imprima sur sa physionomie, et se frappant le front :

— Soit, s'écria-t-il ; demain la mère de Trois-Mai sera sauvée, ou moi je serai mort !

— Mort.... mort.... murmura Soleil, cela ne ferait pas mes affaires.

— Partons !

— Mais quel est votre moyen!

— C'est mon secret! répondit Emile en l'entraînant.

PARIS A VOL DE GUILLOTINE.

CHAPITRE PREMIER.

I.

Paris à vol de Guillotine.

Jetons un coup-d'œil sur le Paris de la terreur et essayons de reconstruire avec la plume cette arène de pierre et de bois, qui se renouvelle tous les cinquante ans.

Rebâtir une maison, c'est remettre debout une idée.

Vivez dans la rue si vous voulez bien connaître votre siècle. D'autant mieux que la vie en dehors a toujours été la vie des Français, et que s'ils n'habitent pas des maisons de verre, c'est qu'ils sont encore à trouver un architecte.

Tout était peuple dans Paris, sous la terreur, ou du moins tout était peuple par le costume. Plus de fracs à paillettes, plus de soutanes, plus de livrées. La loi du niveau avait surtout été mise en exécution par les tailleurs! Peuple de frères, oui, mais peuple de frères mal habillés. La soie est une corruption, la bure est en progrès. Et le sale capucin Chabot avait fait fureur avec sa veste de sans-culotte, sa chemise ouverte à la poitrine et ses pieds nus dans ses gros souliers.

« Ah! voilà un républicain, » s'était-on écrié; « voilà un Spartiate, celui-là! A la bonne heure! »

Ce peuple se contentait donc des maisons vieilles qu'il n'avait pas démolies, et il ne se pressait pas d'en bâtir de nouvelles. Il avait fait son lit dans la ville de

Louis XV et de Louis XVI, et il achevait d'user les matelas.

Les excès du cynisme avaient remplacé les excès de la coquetterie : Crispin était devenu président de section et Lisette sous-secrétaire de la société des femmes révolutionnaires, qui tenait ses séances dans le charnier de l'église Saint-Eustache.

Du reste, il n'y avait pas un monument que la terreur n'eût souillé, pas une pierre sur laquelle la guillotine n'eût jeté son reflet rouge.

Infamie et parade, telle semble avoir été à cette époque la devise de la république.

Prenons le plus admiré, le plus respectable, le plus antique de nos temples; prenons Notre-Dame. Qu'avait-on fait de Notre-Dame ? un endroit à boire du vin, où des filles d'Opéra venaient chanter des hymnes à la déesse Raison ; un théâtre dont Robespierre et la Harpe s'étaient constitués les principaux acteurs.

Saint parvis ! n'as-tu pas vu des goujats montés à rebours sur des ânes affublés d'étoles et sur des mulets couverts de chasubles, prendre le menton à des bacchantes couronnées de chêne qui portaient la croix d'argent!...

Encore était-ce peu de chose, la profanation de Notre-Dame! Mais des autres églises on avait fait pis. Quelques-unes étaient devenues des sérails, des magasins d'épicerie ou des salles de bals champêtres.

Le temple André-des-Arcs abritait les plus impossibles orgies. Saint-Eustache, aux jours de fêtes, convertissait ses chapelles en petits restaurants, où la nappe était mise et où femmes, enfants, vieillards, venaient dévorer du jambon, des andouilles, des viandes froides et des pâtisseries. Une décoration représentant des rochers et des arbres avait pris la place du maître-autel et du chœur.

Les églises ne pouvaient plus servir à autre chose depuis qu'on en avait chassé les meilleurs prêtres. Un confessionnal était appelé une boîte à tartufe. A Saint-Gervais les femmes du marché Saint-Jean entaient avec leurs éventaires; toute l'église sentait le hareng; il y avait bal dans la chapelle de la Vierge.

Sur la place de Grève on brûlait les

reliques de Sainte-Geneviève, une vierge du peuple cependant! Mais lorsque le peuple règne, épargne-t-il les siens?

La seule, la grande église d'alors, le Westminster de la France (ô ridicule!), c'était le Panthéon, où les grands hommes sont enfouis dans les caves; le Panthéon, pollué par le cadavre fétide de l'homme à la baignoire, cimetière historique où la Convention, à court de célébrités, envoya un jour les restes d'un général qui s'était brûlé la cervelle. « Gloire au suicide! » *Panthéoniser, dépanthéoniser*, deux mots nouveaux dont s'augmenta le dictionnaire.

Procédons toujours par grands édifices. Nous apercevons les tours du Temple qui élèvent dans les airs leurs formidables flèches. Où donc est le fiacre qui mena au supplice le roi cahoté, en compagnie d'Anaxagoras Chaumette et du gracieux Hébert, cet élégant jeune homme, si différent de l'idée qu'on se fait du père Duchesne?

Le Temple! à ce nom il me sembla entendre le bruit douloureux que fait sur l'épaule du dauphin le tire-pied du cordonnier Simon... Le Temple a été chanté par ce pauvre Régnault-Warin dans plusieurs de ses romans, et notamment dans celui qui est intitulé *le Cimetière de la Madeleine.*

Ici l'hôtel de ville où s'est nouée la révolution et où elle sera dénouée ; l'hôtel de ville, Capitole et roche Tarpéienne à la fois ; palais chef-d'œuvre, dont le bourreau s'est fait concierge et d'où l'on n'a que deux pas à faire pour se rendre à l'échafaud.

Tout auprès, le Palais de justice, menteur à son nom, où siége le tribunal révolutionnaire, dans la grande chambre du parlement.

Voyez-vous cette multitude dont le haut escalier est encombré? elle pousse des cris de joie et vomit des insultes ; c'est la horde gagée pour applaudir à la condamnation des victimes.

Patience ! celui qui a créé le tribunal révolutionnaire, Danton, périra bientôt par le tribunal révolutionnaire. L'ouvrier sera tué par son œuvre.

Le Luxembourg ! prison et jardin, larmes de détenus et chants d'oiseaux, voilà ce que la terreur avait fait du Luxembourg. Trois mille personnes des deux sexes remplissaient le palais du haut en bas, pêle-mêle, sans pudeur. C'était ce que le gouvernement nommait *notre magasin à guillotine.*

Le directeur, un homme qui avait de l'imagination, avait trouvé le moyen de mettre en prison la prison elle-même, en faisant construire tout autour un mur en planches de dix pieds de hauteur, afin d'éviter toute communication entre les prisonniers et le public.

Là-bas, ce sont les Invalides, sur l'esplanade desquels la Convention nationale faisait élever en ce moment un rocher colossal au sommet duquel Hercule, avec sa massue, était représenté foulant aux pieds le *Fédéralisme*; tout cela, d'après les dessins du peintre David, ce grand détestable peintre, ce Romain de carton, cet énergumène citoyen.

Mais on ne perd pas le sens du juste sans perdre également le sens du beau. La terreur humiliait, par tous les moyens possibles, ses monuments.

Après avoir balafré les Tuileries, elle faisait du Palais-Royal quelque chose de dégoûtant et à quoi ni le cardinal Dubois ni la Fillon n'avaient osé songer. De ce brillant jardin où l'esprit et l'amour se promenaient de compagnie, la terreur avait fait une boutique, une tabagie et le reste.

A la débauche ! tel aurait dû être le titre inscrit au fronton de la Maison-Egalité.

Les peintres n'auront jamais de couleurs assez crues, les écrivains assez de métaphores égouttières pour dépeindre cette caverne illuminée. Telle arcade renfermait, dans la même maison, une académie de jeu, un armurier et un ancien prêtre; de manière que, sans sortir, on pouvait facilement se ruiner, se confesser et se tuer. Aussi, était-ce une habitude de dire :

« Ah ! il n'y a qu'un Palais-Egalité au monde ! »

Ceux qui ont vu les scandales permanents du Cirque et des galeries en ont encore des étincelles dans les yeux ; la terreur avait installé-là ses délassements ; c'était là que les gouvernants venaient faire leur fredaines, là que Fabre d'Eglantine mangeait avec madame Suzanne de Morency l'argent qu'il avait volé ; là que le séduisant Hérault de Séchelles, en culotte gris lilas, donnait ses rendez-vous ;

là que se tenaient les conférences célèbres entre Journiac de Saint-Méard, le libraire Desenne et un chef de cuisine qui portait un jabot si volumineux, qu'on l'appelait le *représentant des jabots*.

Le Palais-Egalité figurait le côté joyeux de la terreur, et le figurait bien.

Le Palais-Egalité n'était pas seulement concentré dans le jardin et dans les galeries, il l'était surtout dans les caves. Par des soupiraux ardents, vous aperceviez des troupeaux de nymphes qui bondissaient au son d'un orchestre d'aveugles. Le feu des cuisines brûlait vos pieds. Dedans, dessous, à l'entour, tout était délire, luxure, lumière, cris, bras nus, souliers crevés à la danse, apostrophes, baisers, bouchons sautants, bouquets à terre. C'était le beau temps du punch qui commençait : tout le monde prenait du punch et sentait le punch.

Vu de haut, la nuit, de la butte Montmartre, par exemple, le Palais-Egalité semblait un incendie dévorant un coin de Paris, une gueule de volcan soufflant la flamme bleue et jaune. Cette grande lueur s'épandait aux alentours et éclairait la rue Honoré jusqu'à la barrière des Sergents, et s'en allait mourir dans les repoussantes petites rues qui avoisinent le Louvre, telles que la rue Froidmanteau, la rue du Chantre, où avait demeuré Crébillon fils, la rue des Poulies et la rue Pierre-Lescot.

On voit que la république avait son fanal, fanal mugissant, qui semblait dire à l'honneur, à la vertu, au talent, au patriotisme :

« N'approchez pas! n'approchez pas! »

Ce point excepté, ce n'était dans Paris que tombe, obscurité, tristesse, cruauté nue. Après la Maison-Egalité, il n'y avait plus qu'un monument : la Conciergerie.

Une prison et un lupanar, c'était Paris sous la terreur.

Les beaux quartiers étaient déserts.

Désert, le faubourg Germain, désert le faubourg Honoré.

Toute la population s'était tassée, reculée, dans le Paris dédalien de la Cité, du quartier Latin et de l'hôtel de ville. Même ceux qui menaient la population, les représentants du peuple, ta tête du parti, les savants, les écrivains.

Voici la petite rue du Paon où demeurait Chaumette, l'étroite cour du Commerce où demeurait Danton, le cloître Benoit, résidence de Lalande, premier athée de France, à qui plus tard le premier consul ordonna d'avoir à croire en Dieu sous un délai de vingt-quatre heures ; la rue des Deux-Portes habitée par Anacharsis Clootz, qui s'était intitulé l'orateur du genre humain ; la rue de la Perle, laide et obscure, que le beau Tallien avait choisie.

Cet amour du laid, qui s'étendait des maisons aux costumes, et des costumes aux personnes, était entretenu par l'effroi de la classe bourgeoise, restée sans force pour la résistance, et qui, maintenant, en était réduite à se modeler sur le peuple, afin d'être confondue avec lui; de la classe bourgeoise, qui n'osait plus donner signe de richesse, ni même d'aisance, qui ne bâtissait plus, qui se tenait coite et qui se disait tous les matins dans sa glace :

« Il faut mourir! »

Du reste, la stupeur était si profonde

et si générale, comme le rapporte un chroniqueur, que si l'on eût dit à un particulier :

« A telle heure la charrette passera devant ta maison, tu descendras et tu t'y placeras ! »

Le particulier aurait descendu son escalier, aurait attendu la charrette et s'y serait placé.

Tout concourait à justifier cette stupeur.

Un bourgeois ne pouvait sortir de

chez lui avec sa femme et sa fille sans risquer de se trouver face à face avec les *tape-durs*, qui le rudoyaient pour peu que sa figure leur déplût ou que sa cocarde ne fût pas bien mise.

On appelait ainsi une compagnie de scélérats armés de ces bâtons tortus qu'on désignait alors sous le nom de *constitution*; c'étaient les janissaires du comité de sûreté générale; ils étaient chargés de fomenter les troubles dont on avait besoin pour faire passer d'atroces mesures.

Les *tape-durs* n'allaient que par bande

d'au moins de douze ; leur point de réunion était le café de Chrétien, juge au tribunal révolutionnaire.

Si l'on ne rencontrait pas les tape-durs, on se croisait inévitablement avec la charrette mortuaire ou bien avec la voiture du rapporteur qui la précédait et qui était montée par une sorte de bête brute, que l'on a vu pendant dix-huit mois vomir en se retournant des imprécations atroces sur les condamnés.

On conçoit que la pluralité des Parisiens se contristât d'un tel spectacle et que le caractère français, réputé sémillant, badin et frivole, en reçut un contre-coup momentané.

Le gouvernement (cela un gouvernement!) ne faisait aucun frais pour égayer la population, il laissait ce soin aux hommes de la rue, aux saltimbanques, aux diseurs de bonne aventure, à ceux qui cassent des noyaux de pêche avec leur derrière, à tous les Galimafrés du Pont-Neuf et de la place Germain-l'Auxerrois.

De fait, jamais les histrions n'eurent plus d'agrément que sous la terreur; on les laissait danser, jongler, jouer de la trompette, exhiber des phénomènes, prendre des bains de plomb bouillant.

Ils étaient heureux, et jamais on ne les paya en assignats.

Il y avait aussi affluence de boutiquières, essaim charmant qui remplissait les boulevards. Elles portaient des jupons rayés et ces grands bonnets ronds qu'on nommait des bonnets à la désespérée.

Le procureur de la commune en avait fait ses espionnes de prédilection; elles grimpaient aux voitures, elles forçaient les portes des maisons, elles entraient partout, malgré les valets et malgré les maîtres, même quand on était à table.

Un fameux débitant de tisane au citron se tenait à la place de Grève. Sa fontaine, placée à poste fixe, était inépuisable, un porteur d'eau la remplissait d'heure en heure.

« Le majestueux fontainier, lisons-nous dans un ouvrage du temps, attirait tous les regards par son brillant costume ; de larges galons d'or sur toutes les coutures de sa veste écarlate en augmentaient l'éclat; et quand, d'un agile poignet, il tournait d'un même coup trois robinets, pour servir sept à huit buveurs à la fois le bruissement des grelots qui pendaient à ses manches et qu'il secouait glorieusement en essuyant ses gobelets, s'entendait jusqu'au Pont-au-Change. Les jeunes filles se miraient en souriant dans la glace de son casque dont les diamants multipliaient le soleil. »

Tout porte à croire que ce fontainier fut le premier marchand de coco de Paris.

Le café des Comédiens était situé dans la rue des Boucheries-Saint-Germain, la deuxième maison dans cette rue. C'était là que se contractaient les engagements pendant la quinzaine de Pâques.

« Vous voyez, dit Prudhomme, sur la porte du café et sur les bornes voisines, des empereurs sans empires, des reines sans royaumes et souvent sans souliers ; c'est une espèce de foire où les directeurs se promènent et marchandent pour avoir au plus bas prix. Une reine étique ne veut pas se donner à moins de deux cents francs par moins ; un empereur desséché demande trois cents livres. »

Pour les théâtres eux-mêmes, jamais ils n'avaient été moins suivis. Vainement se faisaient-ils aussi horribles et aussi extrêmes que les événements, la foule ne s'y rendait qu'avec répugnance et comme elle se serait rendue dans un club où il aurait fallu payer sa place.

C'est que rien n'était moins gai que les pièces allusives de Loaisel-Tréogate, de Sylvain Maréchal, d'Aristide Valcour et même du citoyen Laya, si courageuses que fussent celles-ci ; mais le moyen d'amuser avec des héros appelés Durricrânes et Nosophage, comme dans l'*Ami des lois ;* le moyen de rire à gorge déployée en voyant le roi d'Angleterre, le page et Catherine de Russie se jeter couronnes et tiare à la tête, et se colleter pour dévorer un morceau de biscuit, comme le *Jugement dernier des rois !* Passe encore pour la Sapho de la citoyenne Delthéis Pipelet, devenue plus tard princesse de Salm !

Puis, les acteurs avaient fini par trop s'identifier avec leurs rôles. On sait combien d'acteurs ont pris part au grand drame politique : Dugazon, le spirituel valet du Théâtre-Français, valet qui ne voulait pas de maître ; Trial, le confident de Robespierre, Narcisse d'un autre Néron ; Collot d'Herbois, dont l'espérance était de faire tomber toutes les têtes dont les bouches l'avaient sifflé ; Dorfeuille et Grammont, deux cabotins infimes ; Fusil, Bordier et plusieurs autres. Aussi les comédiens ne faisaient-ils pas plus rire que les pièces.

Cependant on se serait bien encore laissé aller de temps en temps, mais par malheur il arrivait quelquefois que les représentations étaient troublées par les actes arbitraires de l'inspecteur Marine, membre de la commune et administrateur de police, qui ouvrait les loges et en faisait sortir des femmes honnêtes à grands coups de pied. Ce qui nuisait considérablement à l'illusion et à l'optique théâtrale.

Voyez-vous, il faut tâcher d'oublier le théâtre de la terreur.

Cela a pu être pittoresque, mais cela a été barbare, déclamateur, bourbeux.

Pigault-Lebrun, qui a cru faire le farceur en mettant en scène des dragons et des bénédictines, n'a été que choquant et brutal. Je lui préfère de beaucoup le cousin Jacques, qui rimait des opéras-comiques sans sel ni raison, c'est vrai; mais où l'on ne voyait au moins que de braves paysans aux grosses joues et de petites filles en bavolets qui s'évertuaient à chanter :

Gnia pas d'mal à ça, Colinette, gnia pas d'mal à ça !

La terreur a encore été bien heureuse de trouver madame Saint-Aubin pour lui faire remplir ces rôles d'innocente et de cueilleuse de noisettes.

Et d'ailleurs, les beaux-arts, les belles-lettres, les belles peintures, qui est-ce qui s'en occupait, je vous le demande !

Etait-ce David, dont j'ai prononcé le nom tout à l'heure, ce David qui avait dessiné et fait élever sur le carré du Pont-Neuf des polichinelles de bois à la place de la statue de Henri IV, le seul monarque qui eût rêvé pour son peuple le droit à la poule au pot ?

Etaient-ce M. de Fontones et M. Joubert, occupés à courir le guilledou dans la rue du Fouare et dans la rue de la Bucherie, et recherchant tous deux l'amitié de Rétif de la Bretonne ?

Etait-ce Népomucène Lemercier qui ciselait ses *Quatre Métamorphoses*, ou le jeune et bouclé M. de Jouy, qui mettait la dernière main à sa *Galerie* féminine, si heureusement disparue de la librairie à présent.

Laissez donc !

La préoccupation de la France avait bien d'autres objets en but, plus actuels et plus horripilants.

Autrefois, ce qui occupait Paris à son réveil, c'était un pont-neuf, une *turlutaine*, les amours de Sophie Arnould, le dernier apologue oriental inséré dans le

Mercure, une façon de corsage ou une couleur de rubans.

Mais, alors, qu'est-ce qui faisait, dès le point du jour, sauter les Parisiens hors de leur lit?

C'était le tambour, c'était le toscin, c'était le canon.

Le soir, au café, entre un verre d'eau sucrée et une partie de dames, on se demandait:

« Qui a-t-on guillotiné aujourd'hui? »

Ou :

« Qui guillotinera-t-on demain? »

On n'osait plus faire de journaux, car chacun savait trop ce qu'il en coûtait. On n'osait plus afficher de placards, depuis qu'Olympe de Gouges avait payé les siens de la mort. On n'osait plus prendre la parole à la tribune, de crainte d'être assommé, séance tenante, par le boucher Legendre, le même qui voulait que l'on coupât le corps de Louis XVI en quatre-vingt-trois morceaux et qu'on l'envoyât ainsi aux quatre-vingt-trois départements.

Paris n'était pas un site agréable, on doit en convenir.

Le duc de Brancas avait eu raison de le quitter, en sabots et en blouse bleue, chassant devant lui un troupeau de deux cents moutons.

Ce n'était plus cette *ville de fumée* apostrophée par Rousseau, c'était la ville des fous, des pillards et des assassins.

Bien en avait pris aux hommes intelligents de fuir cette succursale de l'enfer ; bien en avait pris à l'abbé Maury et à Choiseul-Gouffier : le premier devait y gagner son chapeau de cardinal, et le second se faisait empereur de toutes les Russies, sous le nom de Paul Ier.

Quant à ceux qui n'avaient pas le temps de fuir, ils étaient mangés par les loups comme Piéton, ou ils expiraient comme Condorcet, dans les horreurs de la faim.

Mais la faim, elle était aussi dans Paris ! elle menaçait, elle grandissait.

On attendait cinq ou six heures à la porte des boulangers, et c'est de là que datent le nom de *queues* donné aux rassemblements.

Des placards émanés de la Montagne proposaient un carême patriotique, afin de laisser aux animaux le temps de renouveler leur espèce.

La Montagne plaisantait, la Montagne était gaie.

— Q'est-ce que la génération actuelle devant l'immensité des siècles à venir? répétaient sans cesse les tyrans.

C'est également de cette époque que se

propagea, dans d'effrayantes proportions, l'amour des pauvres pour l'eau-de-vie, ce poison doré auquel eût succombé Mithridate, et qui tue chaque jour la France en détail. Pour beaucoup de malheureux, l'eau-de-vie était une nourriture presque exclusive.

La disette et l'échafaud! C'était bien. L'ange exterminateur n'aurait pas été plus expéditif.

Son morceau de pain dévoré en quatre bouchées, le peuple allait faire ensuite la digestion sur la place de la Révolution, qu'il appelait aussi le *théâtre de la guillotine*, seul théâtre qui ne désemplît jamais.

Déjà l'on parlait d'établir un puisard en pierre sous l'instrument de mort et d'y ménager des couloirs pour le sang humain.

Déjà l'architecte avait tracé le plan de cette bâtisse...

Cette fois donc, ils devaient être satisfaits, ceux qui aiment la vie mouvementée et remplie.

Pas un jour ne se passait sans apporter sa dose de monstruosités. Leur existence ne s'en allait plus en langueur, comme autrefois.

Voilà le bénéfice des révolutions, c'est qu'elles nous débarrassent totalement des *blasés*, des gens qui s'ennuient; car la famine et la guillotine ont de quoi déconcerter les plus oisifs. Qui bâille devant un fer levé?

Cependant, dix-huit mois encore d'un tel régime, et je ne jurerais pas que la satiété ne s'y fût mise.

Voilà, à traits rapides, ce qu'était Paris sous la térreur, ce qu'il n'avait jamais encore été, ce qu'il ne sera jamais plus. Aucun peuple n'offre en un si court espace de temps un tel débordement de crimes et de criminels.

Je n'ai dû adoucir aucune teinte.

L'heure présente est surtout l'heure de la vérité.

CHAPITRE DEUXIÈME.

II.

Paris à vol de guillotine — *Suite.*

Il faisait nuit.

Deux touffes de fleurs embaumaient la chambre à coucher de Robespierre; les croisées étaient restées ouvertes à cause de la chaleur.

Aucun luxe ne régnait dans l'ameublement, mais les rideaux de lit étaient d'une finesse et d'une blancheur remarquables.

Une heure sonnait aux horloges de Paris, sentinelles d'airain échangeant leur cri de vigilance, lorsque le dictateur entra dans son antre à tenture de lin.

Il se jeta sur une chaise, comme un homme harassé par un labeur pénible.

— Allons, je n'ai pas perdu ma journée ! dit-il.

Pauvre empereur romain! aurais-tu prononcé semblable phrase, si tu avais pu prévoir ce qu'en ferait ce charlatan!

Soudain Robespierre se leva, par un de ces mouvements nerveux qui lui étaient familiers.

— Toujours les fenêtres ouvertes! s'écria-t-il; j'avais pourtant bien recommandé qu'on les fermât à la tombée de la nuit. Quelle imprudence! On pourrait s'introduire ici dans de mauvais desseins, et ma police n'a pas toujours l'œil sur moi.

Il se pencha au dehors.

— Comme la rue est tranquille ! comme la ville tout entière dort d'un sommeil profond ! C'est mon ouvrage, cependant. On n'entend plus comme autrefois, dans les maisons, le bruit insolent de l'orgie, les rires, le *tintin* des verres. Tout se tait. On dirait un silence de mort...

Ces dernières paroles furent accompagnées d'un sourire. Robespierre applaudissait à son esprit.

Il ferma les fenêtres et fit quelques pas dans sa chambre.

Le parquet rendait de petites plaintes sous l'escarpin qui le pressait.

Robespierre compta longtemps sur ses doigts.

J'ignore quelle addition infernale il poursuivait.

Ensuite, il alla sentir les fleurs.

Mais son front s'assombrissait sous des réflexions sinistres.

Et tout en effeuillant une rose, il murmurait :

— Oui, j'ai beau m'efforcer à broyer la réaction, j'ai beau répandre du sang comme un fleuve débordé répand ses eaux, je n'ai d'autre récompense à attendre que la mort. Il y a des gens qui mangeraient mon cœur. Moi, l'homme de bien, moi, le sauveur de la France, moi, le protecteur de tous les arts et de toutes les vertus, je serai probablement assassiné par quelque misérable !

Telles étaient les idées qui l'opprimaient invariablement chaque soir, lorsqu'il se retrouvait seul avec lui-même, la plus terrible compagnie qu'il pût souhaiter.

— Couchons-nous, dit-il, peut-être pourrai-je dormir aujourd'hui.

Il quitta son célèbre habit vert qui allait être prochainement remplacé par un habit à la polonaise que David s'occupait à lui dessiner.

Puis, allant se placer devant sa glace, il ajouta :

— Heureusement, la nation jugera mes œuvres quand je ne serai plus; et cette espérance me console. Plus tard on reconnaîtra la douceur de mes instincts et la générosité de mes sentiments. Alors les Français me dresseront des statues ainsi qu'à ce Vincent de Paule qu'ils ont la faiblesse d'aimer parce qu'il a ouvert des asiles aux enfants délaissés, comme si je n'avais pas fait bien davantage !

Certes, on réfléchira un jour, l'historien consciencieux pèsera les noms des bienfaiteurs de l'humanité; on s'inclinera devant ma gloire, et les jeunes filles chanteront des cantiques à ma louange, tandis que leurs mères couronneront mon buste de fleurs. Qui sait si les bonnes gens n'iront pas jusqu'à vouloir ma canonisation!

En devisant de la sorte, Robespierre mettait un bonnet de nuit à fontange.

— Pourquoi donc, dit-il tout à coup, ai-je sans cesse le souvenir de cette lettre de tantôt, de cette lettre remplie de folles menaces? *J'ai attendu, j'attends encore que le peuple te traîne au supplice.* L'auteur s'est bien gardé de se nommer. Ah! je l'aurais forcé à se faire la barbe dans un plat de ma façon. Que disait-il donc encore? *Si mon espoir est vain, cette main percera ton cœur.* Le fou !

Une seule lumière brûlait sur la cheminée, éclairant dans la glace le corps maigre et à demi nu de Robespierre.

La peinture ne descend pas assez dans les intimités de l'existence.

Certainement un homme qui sort sa cravate et qui se couche n'a rien d'extraordinaire en lui. Mais appelez cet homme du nom de Robespierre, et l'intérêt se hausse immédiatement.

Il y a une autre histoire de France à traduire sur la toile et sur le papier, c'est l'histoire de France *à côté*. Un des tableaux de Versailles, que je préfère, c'est *madame la comtesse Dubarry prenant son chocolat*. Il n'y a qu'elle seule qui déjeune dans l'histoire.

Robespierre se déshabillait.

— A l'heure qu'il est, pensait-il, mon envoyé secret doit être auprès de la fille de Louis XVI. Comment aura-t-elle accueillit mon indirecte demande en mariage? Plusieurs fois mon portrait a dû être mis sous ses yeux. Espérons...

Il se rapprocha de la glace et donna un air de coquetterie à sa coiffure nocturne.

Après quoi, il prit la lumière et regarda soigneusement sous son lit.

Il ne vit personne, et après un dernier tour dans sa chambre, il se décida enfin à se coucher.

Je suis bien bon de m'inquiéter d'un tel chiffon. Cette main percera ton cœur... Tu crois donc qu'il est facile de parvenir jusqu'à moi, vil suppôt du royalisme? Il épie l'instant, dit-il, il cherche ma poitrine...

Robespierre se retournait.

— Qu'est-ce donc qui me gêne ainsi ?

Et en s'écriant :

— Serait-ce la feuille de rose du Sybarite ?

Il chercha, et ce qu'il trouva, c'était une liste de proscription.

Délicatement il la posa sur sa table de lit.

— J'ai tort de m'occuper de cette lettre. Mais c'est plus fort que ma volonté. Tous les jours je suis avec toi; je te vois tous les jours... C'est singulier!

Robespierre s'endormait.

Sa parole devenait de plus en plus lente.

Ses yeux se fermaient et s'ouvraient.

Il balbutiait :

Vis encore... quelques jours... pour penser à moi... dors pour penser à moi...

Tout à coup il lui sembla que ses rideaux s'écartaient et qu'un homme s'accoudait lentement sur le bois de son lit.

Robespierre allait crier.

Mais une lame de couteau jeta son éclair dans la chambre !

Le dictateur rengaîna dans sa gorge l'appel qu'il allait invoquer et devint plus pâle que ses draps,

— Malheureux! prononça-t-il d'une voix haletante, ne comprends-tu pas que tu joues ta vie en menaçant la mienne?...

— Ma vie? répondit l'homme au poignard qui portait un masque à la figure ; j'en ai horreur autant que la tienne. Ma vie n'a de force que pour la haine, à présent. Et de tous ceux que je hais, Robespierre, tu es le plus cruel et le plus coupable. Tu as trompé toutes mes convictions et toutes mes croyances, du jour où je me suis aperçu que tu te faisais de la cruauté un piédestal pour dominer la foule et l'asservir. Si je voulais énumérer tes trahisons et tes crimes, ce serait trop long. On n'ôte pas les dents à une vipère, on l'écrase. C'est pourquoi je suis venu t'écraser,

— Me tuer! exclama Robespierre; qui donc es-tu pour me parler ainsi?

— Je suis l'auteur de la lettre anonyme que tu as reçu ce matin.

— Toi!

Robespierre se dressa sur son séant.

Mais du tranchant de son couteau

l'homme masqué coupa le cordon de sonnette qui pendait au chevet.

— Tu me hais donc bien? murmura Robespierre.

— Je te méprise.

— Qui te dit que l'on n'a pas trompé ta religion ? On nous calomnie tant, nous autres !

— On ne vous calomnie pas, on vous dévoile.

— Ton aveuglement m'épouvante.

— Ce n'est pas vrai. Rien ne t'épouvante ici, rien, que ce couteau.

Robespierre tremblait.

— Que veux-tu? disait-il; parle, tout ce que tu exigeras de moi te sera accordé.

L'homme masqué réfléchit.

— Tout? répéta-t-il.

Robespierre fit un signe d'assentiment.

— Donne-moi la clef de ton secrétaire.

— La clef?...

— Oui. Elle est sous votre oreiller.

— La voilà.

— Maintenant où sont tes blancs seings?

— Le premier tiroir à droite.

L'homme se conforma à ces indications.

— Bien ! dit-il en enfouissant dans sa poitrine un papier signé.

Robespierre se mourait.

— As-tu fini ? demanda-t-il.

— Fini ! répéta l'autre ; oui, peut-être devrais-je en finir maintenant, car l'occasion est belle, et je ne la retrouverai pas sans doute de longtemps...

Il restait indécis, à deux pas de la couche, balançant son couteau.

— Finir, disait cet inconnu ; serait-ce

bien fini? Toi mort ne restera-t-il pas ton infâme sequelle? Qu'es-tu par toi-même? un intrigant secondaire. Ce n'est qu'entouré de Lebon, de Carrier ou de Fouquier-Tinville que tu apparais comme un géant. Tu résumes. Tu es responsable. Mais que vaux-tu personnellement? Vaux-tu ce coup de couteau, dis?

Et le couteau lui effleurait la chair.

— Grâce! murmurait Robespierre.

L'inconnu s'arrêta, et, avec un suprême dégoût:

— Non, tu ne le vaux pas. D'ailleurs, je ne veux pas dérober au bourreau une tête si chère ? Tu appartiens à la justice de la France, tu ne m'appartiens pas !

Mais le tyran ne l'entendait plus.

Il s'était évanoui en voyant la pointe de l'acier vaciller à deux pouces de sa poitrine.

L'homme masqué reprit :

— Et puis, si tu mourrais, ta signature n'aurait plus le pouvoir que j'en attends.

Vis donc, Robespierre, *vis pour penser à moi... dors pour rêver à moi!...*

Terminant par ces derniers mots de sa lettre, il ouvrit une croisée et s'élança dans la rue, en s'accrochant aux gonds des volets et aux tuyaux des gouttières.

A peine avait-il fait dix pas sur le pavé qu'il se trouva face à face avec un individu qui paraissait l'attendre.

Cet individu était François Soleil.

— J'ai tenu ma promesse! lui dit l'homme masqué, en tirant de sa poitrine un papier qu'il lui remit.

— Merci, dit François Soleil.

CHAPITRE TROISIÈME.

III.

Paris à vol de guillotine. — *Suite.*

Comme l'avare Achéron, la terreur ne lâchait pas facilement sa proie. Mais la signature de Robespierre était un talisman devant lequel s'ouvraient ou se fermaient toutes portes.

Sœur Élisabeth-des-Anges fut donc rendue à la liberté.

La pauvre femme ne pouvait croire à tant de bonheur.

Il fallut que François Soleil l'entraînât hors de la prison; car c'était lui qui était venu la chercher au point du jour.

Elle avait tant souffert depuis quelque temps, que ses pieds pouvaient à peine la supporter.

— Appuyez-vous sur moi, lui disait Soleil en examinant sur son visage les traces laissées par l'âge et par la pénitence, et en cherchant à retrouver quelque chose de la danseuse d'autrefois sous la carmélite d'aujourd'hui.

Mais il hocha la tête, et il pensa :

— Elle est bien changée, la Clarendon ; elle a bien vieilli, la repentante.

Elle, de son côté, attachait ses yeux tremblotants sur cet homme, et elle avait un vague souvenir de sa physionomie.

— Qui êtes-vous ? lui demanda-t-elle enfin.

— Un ami, répondit-il.

Le son de cette voix troubla la sœur Élisabeth.

Elle s'arrêta.

— Qu'avez-vous? dit François Soleil inquiété.

— O mon Dieu! mon Dieu! c'est bien étrange! murmura-t-elle en passant sa main sur son front et sur ses yeux.

Soleil devina.

—Marchons, ma sœur, marchons.

Il essayait de cacher une partie de ses traits avec son mouchoir.

Mais elle le regardait toujours;

Et tout son corps avait le frisson.

—Ma sœur, le temps nous presse, marchons, je vous en conjure.

—Oh! je vous reconnais! disait-elle d'une voix sourde, je vous reconnais!

—Venez!

—Vous êtes le serviteur du duc que j'ai vu autrefois, du temps de mon infamie.

Il hâtait le pas.

—Non, dit-elle, je n'irai pas plus loin, je ne veux pas vous suivre.

—Ma sœur...

—Non!

—Au nom du ciel, venez!

—Qui vous envoie?

— Votre fille.

— Ma fille! Vous connaissez ma fille? Vous!...

Soleil détournait la tête.

— Oh! je fais un mauvais rêve, sans doute, prononçait-elle.

— C'est vers elle que je vous mène.

— Dites-vous vrai?

— Je le jure!

Sœur Élisabeth-des-Anges se tut et se laissa guider.

La matinée était sans soleil ; on rencontrait peu de monde dans les rues.

Quand ils furent à la hauteur du Pont-Neuf, un homme dont l'impatience se trahissait par des regards chercheurs quitta le parapet où il était appuyé, et s'avança vers eux.

C'était le duc de Noyal-Treffléan, qui attendait la carmélite pour la conduire chez Trois-Mai, ainsi qu'il le lui avait promis la veille.

D'abord, sœur Élisabeth ne le vit pas s'avancer.

Ce ne fut que sur un salut de François Soleil qu'elle leva la tête.

—Quel est ce vieillard? demanda-t-elle.

Le duc la regarda à son tour.

Ce fut un moment de silence.

Elle était immobile.

Mais bientôt ses yeux s'agrandirent, sa bouche s'ouvrit, elle étendit ses mains devant elle, et elle poussa un cri d'effroi.

François Soleil la soutint.

— Qu'a-t-elle donc? fit le duc, étonné.

— Elle vous a reconnu.

— Ce n'est que cela?

— Dame! il paraît que cela suffit pour la faire évanouir; et puis, vous vous montrez tout d'un coup sans dire gare.

— Il fallait la prévenir, répliqua le duc avec humeur.

— Est-ce que j'ai eu le temps? Ces religieuses sont si impressionnables! un rien les fait palpiter. J'ai vu le moment où elle ne voulait plus me suivre, après m'avoir reconnu, moi aussi.

—Attends, la voilà qui revient à elle...

Effectivement, sœur Élisabeth-des-Anges rouvrait les yeux. Mais ses yeux étaient hagards.

— Laissez-moi, disait-elle d'une voix affaiblie; laissez-moi!

—Votre fille vous attend! lui soufflait François Soleil.

— Lui! c'est lui! il revient me prendre. et cette fois pour toujours!

— Elle extravague, dit le duc.

— Essayez de marcher, ma sœur; encore quelques pas, et vous allez revoir votre fille, votre fille, entendez-vous?

— Ma fille?...

— Oui.

Deux larmes parurent aux paupières de la pauvre femme.

Mais, en se voyant entre ces deux hommes, toute son horreur lui revint.

— Monsieur, dit-elle en s'adressant à Soleil, car elle n'osait envisager le duc de Noyal-Treffléan, monsieur, si vous êtes humain, si vous avez quelque pitié, oh! faites-moi ramener en prison.

Le duc haussa les épaules.

—Monsieur! je vous en prie... ramenez-moi! ramenez-moi!...

—Mais votre fille?

— Ma fille priera pour sa mère.

— Dépêchons, dit le duc, voilà des curieux qui s'attroupent.

Il saisit le bras de la religieuse.

Elle tressaillit comme sous la morsure grésillante d'un fer rouge.

— Allons, madame...

— Grâce! balbutia-t-elle.

— C'est à l'entrée de la rue, là; un peu de courage.

— Je ne puis..

C'était navrant à voir, cette femme suppliante, éplorée, et pour ainsi dire traînée par ces deux individus. Soleil lui-même se sentait affecté désagréablement, et il fronçait le sourcil, ce qui était sa manière d'exprimer sa sensibilité.

Le duc, lui, n'éprouvait que de l'embarras et de l'impatience.

Il avait promis à Trois-Mai de lui ramener sa mère, et il voulait tenir sa parole, car c'était à ce prix que son amour devait lui appartenir.

Il pressait donc la carmélite, il la suppliait, mais chacune de ses paroles lui tenaillait le cœur; et chaque fois que son bras la touchait, elle sentait la vie se retirer d'elle.

— Comment faire? se demandait-il.

Soleil était hésitant.

Enfin, le duc se décida.

Il saisit tout à coup la religieuse dans ses bras, et, l'emportant comme une proie, il prit son élan vers la rue de Thionville.

La Clarendon ne jeta même pas un cri.

Sa figure, d'un blanc de linceul, flottait, abandonnée, sur l'épaule du duc...

Il précipita sa course.

Il arriva devant la maison habitée par Trois-Mai et par madame de Perverie.

La porte était fermée.

Sous sa main robuste, le marteau résonna plusieurs fois.

— Ma fille ! ma fille, appela-t-il.

Trois-Mai descendit, rapide, émue.

—Voici ta mère ! exclama le duc, dont la figure resplendissait de joie ; ta mère est libre !...

—Ma mère !

La jeune fille regarda... et un cri déchirant sortit de ses entrailles.

A son tour, le duc de Noyal-Treffléan jeta les yeux sur la Clarendon.

Ses bras se détendirent.

Il ne tenait plus qu'un cadavre.

La révolution causée en elle par l'aspect imprévu de l'auteur de tous ses maux avait déterminé la mort de sœur Elisabeth-des-Anges.

IV.

Paris à vol de guillotine. — *Suite*.

Emile ne demeura pas longtemps sous les ordres de Robespierre.

—Trois-Mai et la marquise de Perverie restées seules et sans ressources avaient besoin d'un appui.

Emile était reconnaissant :

Il se souvint que la première lui avait donné son cœur et que la seconde lui avait ouvert sa maison. Il crut qu'il était de son devoir de leur vouer son existence, au moins pendant les jours orageux que la France traversait.

Ces trois personnes vécurent donc réunies dans une ombre silencieuse. La mort de sœur Élisabeth avait répandu sur elles un voile de tristesse qu'Emile ne cherchait pas à dissiper.

Il comprenait cette douleur d'une fille pleurant sa mère, et, disons plus il l'enviait.

Oui, il est des douleurs qu'on envie.

Lui n'avait pas de larmes à pleurer, il ne pouvait pas partager avec les autres.

La misère se glissait peu à peu dans cet humble intérieur. Emile s'épuisait en efforts pour empêcher ses invasions ou pour la soustraire aux yeux des deux femmes.

Il n'y réussissait guère que vis-à-vis de madame de Perverie, qui était restée grande dame sans le savoir et parce que sa nature était telle.

Pour Trois-Mai qui avait commencé la vie par la souffrance, pour Trois-Mai dont la splendeur n'avait été que passagère, elle comprenait davantage les embarras d'Emile, elle savait apprécier ses sacrifices.

Quelques bijoux furent vendus par

elle, mais on n'osait pas trop se défaire de ses bijoux dans la crainte d'être dénoncé comme aristocrate. Bien des fois l'inquiétude du lendemain se peignit sur le visage du jeune homme.

Seul, il eût affronté stoïquement la détresse, ainsi qu'il avait déjà eu maintes fois l'occasion de le faire. Mais entre ces deux anges de beauté et d'infortune, son rôle ne pouvait plus être le même. Il fallait qu'il triplât son imagination pour subvenir aux besoins de deux existences si chères.

Le duc de Noyal-Treffléan n'avait

plus reparu depuis la catastrophe fatale qui avait mis à bas toutes ses espérances paternelles. Nulle part on ne l'avait vu. Trois-Mai d'ailleurs n'aurait pas eu assez de force pour supporter sa présence. Elle eut aimé son père à cause de sa mère, mais sa mère expirée ne lui laissait plus dans le cœur pour le duc qu'éloignement et ressentiment.

A défaut de Trois-Mai, Emile, malgré ses justes répugnances, pouvait du moins s'adresser à lui. C'est ce qu'il essaya de faire.

Pour cela, il se mit à sa recherche,

et ce ne fut pas sans peine qu'il parvint à découvrir sa retraite nouvelle.

Le duc de Noyal-Treffléan avait abandonné son district et cédé la petite maison proprette qu'il habitait pour s'en aller demeurer dans un taudis de la rue du chevalier du Guet, une des rues les plus bourbeuses et les plus étroites de Paris.

—Est-ce la peur qui le fait se cacher dans ce trou à rats? demanda Emile; quel autre que moi s'aviserait de venir chercher ici le favori de Louis XV.

Le portier auquel il s'adressa pour

demander le citoyen Noyal-Treffléan lui indiqua le quatrième étage avec une expression souveraine de dédain. C'était le plus mauvais appartement de la maison, qui en contenait cependant de bien mauvais.

Emile tâtonna longtemps dans l'escalier qui était sombre, puant, humide et sans rampe.

Arrivé à une sorte de palier, sa main errante rencontra une patte de lièvre qu'il agita d'abord discrètement. Personne ne répondant, il sonna un peu plus fort.

Enfin, un pas lourd et traînard se fit entendre, et, à travers une porte qui s'entre-bâilla, Emile aperçut un vague amas de linge qui ressemblait à une femme.

Il demanda :

— Le citoyen Noyal-Treffléan, s'il vous plaît?

La vieille femme le regarda sans comprendre ou plutôt sans entendre.

Elle était sourde.

— Vous demandez mademoiselle Sophie Arnould? murmura-t-elle; c'est ici, entrez.

Emile demeura stupéfait devant ce grand nom qui lui partait aux oreilles.

Sophie Arnould dans ce grabat! Sophie Arnould rue du Chevalier-du-Guet! Ce ressouvenir galant dans cette auge à sans-culottes!

Il ne répondit rien, il ne sut que répondre.

La vieille grommela et referma sa porte.

Emile monta encore.

Cette fois, ce fut le citoyen Noyal-Trefléan lui-même qui vint lui ouvrir, dans le simple appareil d'un démocrate en carmagnole et en pantalon rayé rouge.

Il ne fut pas fâché de voir Emile, car il comprit qu'il venait lui parler de sa fille.

— Entrez, lui dit-il avec empressement.

Emile promena un regard triste sur

l'ameublement plus que modeste de l'ancien duc : son espoir diminuait.

— Vous voyez, fit le citoyen Noyal-Treffféan, vous voyez l'état où m'a mis la révolution ; il ne me reste plus que ce simple mobilier.

Ce début inquiéta notre héros.

— M'avez-vous deviné ? dit-il avec mélancolie.

— Oui.

— Votre fille est pauvre.

Le duc fit un mouvement.

— Pauvre Trois-Mai? — Elle n'a que moi pour soutien.

Mordu dans son affection et dans son amour-propre, le duc baissa la tête.

Ensuite il regarda Emile.

Sans doute il lui trouva l'air bon et digne, car, par un geste d'où la réflexion était probablement exclue, il lui frappa sur l'épaule en lui disant :

— Merci.

Ce geste émut Emile, car tout ce qui vient du cœur d'un débauché est précieux à recueillir.

— Pauvre ! répéta le duc.

Et il répéta :

— Hélas ! moi aussi, je suis pauvre.

— Comment ? monsieur le duc ?

— Je n'ai pas une obole ; comme Bias, je porte maintenant ma fortune avec moi.

— Serait-il possible ?

— C'est l'interrogation que je me pose souvent à moi-même, et la réalité me force toujours à répondre : Oui.

— Vous, ruiné !

— Absolument.

— Mais cependant vos biens, vos maisons, vos châteaux ?

— Biens, châteaux et maisons ne m'appartiennent plus.

— O ciel !

— Ils sont passés à un autre propriétaire, dit le duc avec un soupir.

— A qui donc? fit Emile.

— A Soleil.

— Mais par quel enchaînement de circonstances ?

— Oh! c'est bien simple, répondit M. de Noyal-Treffléan; Soleil avait promis de soustraire la Clarendon à l'échafaud; en revanche, j'avais promis à

Soleil de lui abandonner toute ma fortune; Soleil a tenu sa promesse, j'ai dû tenir la mienne.

— Ainsi, vous ne possédez rien?

— Plus rien!

Emile demeura anéanti.

— Mais vous? demanda le duc.

— Je n'ai ni emploi ni argent.

— Diable de temps! murmura-t-il; de

quel peuple cette république a-t-il donc fait le bonheur?

Emile allait partir, le cœur noir et désespéré, lorsque M. de Noyal-Treffléan lui dit :

— Un moment encore. Je ne veux pas que le souvenir de ma fille, misérable et sans pain, vienne m'assaillir dans mes nuits sans sommeil. Je ferai pour elle tout ce qu'un père doit faire et peut faire. Revenez à quatre heures.

— Ici!

— Ici, il y a une table d'hôte où quelques-unes de mes connaissances se rendent habituellement. Trouvez-vous ici, je vous invite.

Pour qu'Emile acceptât, il fallut que l'image de Trois-Mai se présentât bien vivement à son esprit.

— Je serai ici à quatre heures, dit-il.

Le duc de Noyal-Treffléan le reconduisit jusqu'au seuil de son réduit, avec l'importance et la solennité qu'il aurait mise à le reconduire sur le perron d'un de ses plus historiques manoirs.

Le duc avait dit vrai.

Il n'avait plus en poche un maravédis. François soleil l'avait inexorablement dépouillé, car François Soleil avait aussi ses représailles à exercer contre lui.

De toutes les qualités humaines, le duc de Noyal-Treffléan n'en avait conservé qu'une seule, c'était la fidélité exacte et scrupuleuse à sa parole. Soleil le savait.

Ainsi que cela était convenu, Emile revint l'après-midi dans la rue du Chevalier-du-Guet.

C'était au rez-de-chaussée que se tenait cette table d'hôte, si toutefois on peut accorder ce nom à une chambre d'une horrible simplicité et que décorait seul un buste en plâtre de Marat, épouvantablement ressemblant.

Vingt personnes au plus étaient assises autour d'une table couverte d'une nappe rousse.

C'étaient de vieilles têtes aussi, comme celle du duc de Noyal-Treffléan, qui, en voyant entrer Emile, lui indiqua une place auprès de lui.

Emile s'assit après avoir salué tout le monde. On se trouva un peu à l'étroit par l'arrivée de ce nouveau convive.

— Approchez-vous davantage de mon côté, lui dit le duc; vous pourriez gêner M. Greuze.

M. Greuze était le voisin de droite de notre héros. Il était chargé de soixante et dix années, ce dont il ne s'effrayait pas plus qu'il ne fallait.

Vieillard charmant, il conservait encore, sur sa physionomie franche et bonne, le sourire de tous ses tableaux.

Emile contempla avec une admiration mêlée de respect le peintre de la famille et de la nature.

Puis il se demanda quelle était cette maison étrange où se donnait rendez-vous ces réputations d'un autre temps : Greuze et Sophie Arnould.

Son étonnement redoubla encore lorsqu'il entendit en face de lui le dialogue suivant :

— Savez-vous quelque chose de nouveau, M. le marquis?

— Du nouveau? répondit une sorte de petit squelette poudré; mais je bouche mes oreilles et je ferme mes yeux pour ne rien savoir de nouveau. Oh! quel horrible nouveau que le nouveau d'à présent!

— Le fait est que celui qui serait arrivé il y a dix ans dans les coulisses de l'Opéra avec le bulletin d'une journée de ce temps-ci, aurait joliment épouvanté toutes nos dames!

C'était Sophie Arnould qui parlait.

Sa petite tête spirituelle avait encore

gardé les étincelles de deux yeux adorables.

— M. de Condé est-il définitivement passé en Russie? demanda quelqu'un à M. de Noyal-Treffléan.

— Pas encore, répondit celui-ci.

— Pauvre duc! comme il doit regretter son château de Chantilly!

— Mais, à propos, vous savez que madame Stéphanie de Bourbon donne en ce moment pour vivre des leçons d'écriture et d'orthographe.

— Ah bah !

— C'est la vérité pure. Voilà où nous en sommes tombés, messieurs ! Une princesse du sang ! une Bourbon-Conti !

Un silence suivit ces paroles.

Ce fut Sophie Arnould qui le rompit.

— Dites donc, Laujon, est-il vrai que ce pauvre Chamfort ait été exécuté ?

— Pas précisément, répondit le chansonnier, il s'est tailladé lui-même à coups de poignard dans sa prison, et il est mort simplement des suites de ses blessures.

— Quel dommage, un si aimable jeune homme! Vous souvenez-vous, Laujon, des vers qu'il m'adressa?... Dorat n'eût pas fait mieux... Comment cela commençait-il donc?

Laujon sourit et fut assez galant pour se rappeler les vers de Champfort :

De mille amants elle fait la folie;
Dans nos jardins c'est à qui la suivra,
  Et quand on dit : Mon Dieu! qu'elle est jolie!
On est bien sûr que l'écho répondra.

Si pour son teint, Flore dans sa corbeille
Sut assortir ses bouquets précieux,
L'esprit a fait en faveur de l'oreille
Plus que sa main pour le charme des yeux.

— Assez ! assez ! murmura Sophie Arnould qui sentit une larme sous sa paupière à ce ressouvenir d'un si beau temps.

Pauvre femme ! pauvres gens !

Car c'était tous les débris d'une cour volage et d'une époque de sourires, que la rue du Chevalier du Guet abritait en ce moment; c'étaient des barons, des vicomtes, des chevaliers, le reste fleuri du dix-huitième siècle.

L'Opéra et le Parnasse avaient émigré de compagnie dans cet endroit hideux, et, tous les jours, à la même heure, ils venaient encore y parler ce langage harmonieux et coquet, dont le couperet de Sanson détachait chaque jour un trope ou deux avec une tête de poëte ou de grand seigneur.

C'était toute la France amoureuse et glorieuse recélée dans un petit coin de Paris, un coin infâme, à l'ombre du buste de Marat. Le peintre de la Cruche cassée à côté de l'Ami du peuple !

C'était l'esprit, le bel air, la grâce, qui cherchaient un dernier refuge pour s'y endormir doucement, mais qui ne voulaient pas quitter leur ville natale, si ensanglantée qu'elle fût.

Tous les partis éteints ou disparus étaient représentés là.

Il y avait même un abbé, oui, un abbé, ce qu'on appelait autrefois un petit collet, cette chose remuante et brillante;

et avec l'abbé il y avait un *Mondor*, autre race qui s'était évanouie !

Là était ce bon vieux Laujon, un Anacréon, un Momus, comme on disait autrefois, Laujon qui dans les bons temps chantait le *Mai*, chantait *O gué !* chantait tout ce qui se boit ou s'embrasse. Laujon était là. Il ne chantait plus ; cependant on avait voulu le faire chanter, et le gouvernement lui avait demandé je ne sais quoi, une cantate nationale.

Vainement Laujon avait-il répondu :

« Je n'ai plus de voix ! »

Il ne s'agissait pas de sa voix, il s'agissait de sa tête; c'est ce que ses amis essayèrent de lui faire comprendre.

Il le comprit, et bien qu'enragé royaliste, il composa la cantate bon gré mal gré, et il l'envoya au gouvernement en écrivant malicieusement au bas de ses vers :

Par le citoyen Laujon, républicain pour la vie.

Le haut bout de la table, le bout important, était occupé par un couple âgé et silencieux : c'étaient les deux plus anciens pensionnaires de la maison; mais qu'ils étaient loin de leur beauté printanière, ces paisibles conjoints, placés à table ainsi qu'au milieu d'un Sahara!

Figurez-vous deux grosses têtes bien épaisses, des yeux éraillés, des paupières couleur de flamme ardente, un trou arrondi sur le modèle d'une tonne.

Ils se tenaient immobiles sur leur siége, ne levant leurs regards que sur les plats et les assiettes, mettant à plaisir en branle leurs lourdes mâchoires, portant aux verres une main exercée, aimant le sérieux autant que le silence, et l'eau-de-vie encore plus que le vin.

C'étaient deux célébrités aussi, c'étaient M. et madame Ramponneau, de bachique mémoire.

Ramponneau, dont la gloire impérissable rayonne dans tous les cabarets de la Courtille! Ramponneau, que brûlaient d'examiner les ducs, les marquis et les princes; et qui, roi de son bruyant quartier, ne montrait la face de son auguste personne que par une excessive bonté d'âme! ce Ramponneau enfin, que deux seuls tours dans sa grande salle accablaient de *vivat!*

Voltaire l'avait immortalisé dans ses *Facéties* et Palissot l'avait chanté dans sa *Dunciade*.

Voilà les gens avec lesquels Emile se trouvait.

Il n'avait ni assez d'yeux pour les voir, ni assez d'oreilles pour les entendre.

Il croyait assister à une résurrection, tant un pareil assemblage de grandeurs et d'infortunes confondait son esprit.

Comme le pays tout entier, au milieu des luttes intestines de la révolution, il avait complétement perdu la mémoire des gloires anciennes ou peut-être s'imaginait-il qu'elles avaient péri dans la tourmente. Maintenant, il revoyait le passé, le passé vieilli, dépouillé, traînant sa vieille épée, sa vieille dentelle au poignet; le passé n'ayant plus un liard pour s'acheter du rouge et du musc, dînant à la grâce de Dieu, cherchant sa mémoire et ne la retrouvant pas toujours, le passé qui ne veut pas mourir pourtant!

Laujon! Greuze! Sophie Arnould! le chevalier! le vicomte et monsieur l'abbé!

Tout ce monde de boudoirs et de couronnes de roses, attendant un maigre potage qui ne vient pas! Un bruit de madrigaux murmurés à l'oreille, qui se mêle à des paroles d'échafaud!

« Sonate, que me veux-tu? » disait Fontenelle.

Un vieux mot dont chaque écrivain a abusé.

La révolution disait comme Fontenelle :

« Comédie, art, littérature, rubans,

amours et petits vers, que me voulez-vous ? Que venez-vous faire ici ? Voulez-vous bien vous sauver ! »

Et ils se sauvaient ou ils se cachaient.

L'auteur de Figaro, proscrit, courait le monde ; M. de Bernis allait mourir, M. Claris de Florian aussi ; Marmontel attendait pour cela le 31 décembre 1799, exprès pour clore le siècle. Tous laissaient faire les hommes nouveaux et les gloires nouvelles, qui faisaient alors le bel ouvrage que vous savez.

Ceux qui étaient restés à Paris, par

courage, par curiosité ou par paresse, ceux-là étaient bien pauvres et mangeaient bien peu.

L'Institut lui-même ne mangeait plus, car l'Institut était au diable!

On était trop heureux de trouver une table d'hôte comme celle où j'ai conduit mon lecteur.

Cependant, tant est grande la conscience de la noblesse et de l'art, grande l'habitude de la distinction, que tous ces personnages renommés gardaient encore, gardaient toujours au sein de leur passager abaissement cette égalité de caractère qui est l'indice des races supérieures.

Ils se traitaient mutuellement et se parlaient, comme s'ils eussent été à une table aristocratique, avec des valets derrière eux et des girandolles aveuglantes sortant de chaque panneau au bout d'un bras de bronze.

Ils avaient les mêmes attentions et les mêmes raffinements de langage.

Emile n'en revenait pas.

Un autre spectacle plus curieux encore attendait Emile. C'était l'apparition de l'hôte, qui était en même temps le chef de cuisine.

A son aspect, toute conversation cessa.

Il était effrayant, cet hôte, il avait la chevelure en désordre, la barbe épaisse et longue, le geste brutal, la voix rude; il avait de gros yeux qui roulaient dans leur orbite comme des écureuils dans leur cage.

C'était un sans-culotte de la plus belle

venue, un bon patriote, enfin, comme le peuple appelle tous ceux qui sont laids, bêtes et robustes.

Il apportait du bouillon dans une vaste soupière, et il l'apportait même avec une certaine solennité malgré ses apparences démocratiques.

Les convives déguisaient mal leur satisfaction à l'approche de cette marmite fumante, et les époux Ramponneau essuyaient déjà leurs assiettes avec une méticuleuse gloutonnerie, lorsque tout à coup, en apercevant Emile, le chef de cuisine lâcha ensemble une exclamation de surprise et la soupière qu'il tenait.

Vicomtes, ducs, marquis, comédiennes et poëtes laissèrent voir une consternation profonde sur leur visage. Ramponneau poussa un gémissement.

— Ma foi! tant pis, dit l'hôte bourru; vous vous passerez du potage aujourd'hui, il n'en reste plus...

Et il alla poser sa main, large comme une éclanche, sur l'épaule du jeune homme qui avait déjà reconnu en lui une de ses connaissances d'autrefois, son collègue chez madame de Perverie, le philosophe majordome Turpin.

Tous les deux échangèrent une poignée de main, mais ils durent remettre à plus tard leurs confidences, en présence des nécessités du service.

Pas de potage!

Le dix-huitième siècle était resté désappointé.

Et les nombreux regards en dessous lancés à Emile semblaient accuser sa malencontreuse venue à la table d'hôte de la rue du Chevalier-du-Guet.

— Voyons, citoyen Turpin, essaya de dire le duc de Noyal-Treffléan, es-tu bien sûr qu'il ne reste plus une goutte de bouillon au fond de ta cuisine?

— Mais quand je vous dis, tas de nobles, que c'est tout ! Est-ce que vous n'allez pas en mourir, pour un jour de privation? O les grands ! les grands ! toujours les mêmes ! s'écria Turpin en élevant ses bras au ciel.

Puis il ajouta d'un ton plus doux :

— Allons, vous vous rattraperez sur le bœuf...

Le dix-huitième siècle se calma.

Malgré les événements qui avaient assuré le triomphe de ses idées, Turpin était toujours resté le même, et ses efforts pour se hisser au pouvoir n'avaient amener aucun résultat sérieux.

Jamais personne ne salua plus que lui avec enthousiasme l'avénement des grands principes constitutifs de la révolution ; et peu s'en fallut que, s'égalant à Jean-Jacques Rousseau et à Voltaire, il ne se persuadât réellement que c'était lui qui l'avait faite.

Turpin était donc resté Gros-Jean comme devant ; car il n'était ni assez intelligent ni assez stupide pour les masses.

Pour se venger à la fois des gouvernants et des gouvernés, il avait inventé de tenir une table d'hôte à l'usage des aristocrates.

De la sorte, il satisfaisait ses doubles instincts, car il frayait avec les grands seigneurs au milieu desquels la moitié de sa vie s'était écoulée, et en même temps il les écrasait, il pesait sur eux de toute sa faconde révolutionnaire. Il les appelait citoyens gros comme le bras; et dans ses forts jours de gaieté, il leur disait *tu*. Puis il leur demandait de l'argent, ce qui est une vengeance facile, il est vrai, mais enfin ce qui est une vengeance.

Pourtant, c'était un bon homme, ce Turpin.

Dans le fond il mentait à sa nature. Il n'aurait pas décapité un hanneton. Il faisait souffrir ses pensionnaires, mais il les aimait. Son plaisir, sa joie, son ivresse, étaient de leur faire peur, mais voilà tout ; de les effrayer avec sa barbe, avec ses yeux, avec son coutelas, mais voilà tout.

Il ne les aurait pas dénoncés pour une dictature. Il les respectait, il les admirait, et son âme saignait bien plus que la leur quand il ne pouvait pas leur donner du bouillon gras.

Quelquefois aussi Turpin ressentait des mouvements d'orgueil, en disant :

« Ils ont besoin de moi ; je suis leur providence, à ces fiers mortels, si vains de leurs aïeux ! C'est moi qui les conserve quelques ans de plus à l'existence ; je suis l'embaumeur de la postérité ! »

Mais ses pensionnaires le connaissaient mieux qu'il ne se connaissait lui-même. Ils savaient son bon cœur et ils excusaient ses faiblesses.

Ah ! si tous les républicains eussent ressemblé à Turpin le majordome !

En sa présence, cependant, nul n'osait plus qualifier son voisin de marquis ou duc. On se conformait aux usages familiers du temps.

M. de Noyal-Treffléan demandait au baron de Trois-Volets :

— Voulez-vous me faire passer du veau, citoyen ?

Et Greuze, s'adressant à Sophie Arnould :

— Un peu de vin, citoyenne, disait-il.

Car Marat les regardait tous, par ses yeux de plâtre !

Donc, les convives de Turpin durent se passer de soupe ce jour-là.

En revanche, l'ancien maître d'hôtel de madame la marquise de Perverie leur servit des viandes en abondance, ce qui réussit un peu à calmer le désespoir des époux Ramponneau.

Malgré cela, le dîner ne fut qu'un dîner de gargotte, mais qu'est-ce que pouvait être un dîner sous la terreur ? Restait-il un seul dîneur à Paris ?

Non.

Grimod de la Reynière parcourait les provinces, banquetait à Béziers chez sa tante, achalandait les charcutiers de

Lyon et de Marseille ; M. d'Aigrefeuille mangeait à la sourdine dans des caves, et Cambacérès n'avait pas encore faim.

Ne nous étonnons donc pas si la queue du dix-huitième siècle n'avait pas *son content*, comme disent les gens du peuple.

Le dîner se termina sans incident remarquable, sauf une harangue que crut devoir adresser le majordome Turpin aux assistants :

— *Jusques à quand*, s'écria-t-il, grands

de la terre, abuserez-vous de ma patience ?...

— Oui, oui, murmura le duc de Noyal-Treffléan ; donnez-moi du fromage, *citoyen*.

Le majordome le foudroya du regard.

— Il me faut de l'argent ! dit-il en revenant à la rhétorique usuelle des créanciers vulgaires ; voilà trois mois que vous me payez en nouvelles de Coblentz, cela ne peut pas m'aller plus longtemps... Voyons, citoyen Greuze, quand est-ce que vous comptez me solder ?

Greuze sourit et lui répondit :

— A la *sainte asperge*, ou à la *saint navet*, si vous aimez mieux.

— Et vous, citoyen Laujon ?

— Moi ?

— Oui, vous ; croyez-vous me payer avec des *faridondaine* ou des *faridondé ?*

— Eh mais ! pourquoi pas ? répondit le charmant vieillard, j'ai bien payé le gouvernement avec cela.

— Le gouvernement! le gouvernement! grommela Turpin; cela le regarde; mon boucher n'échange pas des aloyaux contre des rimes. Quant à vous, mademoiselle...

C'était à Sophie Arnould qu'il s'adressait.

— Qu'est-ce que vous me direz à votre tour? lui demanda-t-il.

— Que voulez-vous que je vous dise? répondit-elle; je ne sais que chanter; désirez-vous un air d'*Armide?*

Turpin poussa un soupir désolé.

Il courut aux deux Ramponneau, qui dévoraient leurs miettes.

— Hé ! leur cria-t-il dans l'oreille.

M. Ramponneau leva la tête.

— Qu'est-ce que vous demandez ? balbutia-t-il.

— De l'argent ! hurla le majordome joignant le geste à la parole.

M. Ramponneau demeura impassible.

— Mauvais... murmura-t-il ; pas de soupe... mauvais .. bien mauvais...

— De l'argent ! répéta Turpin sur la note la plus aiguë de la désespérance.

— Merci, je n'en ai pas besoin, repartit l'ex-roi de la Courtille.

— Citoyens, je serai obligé de fermer mon établissement ! s'écria Turpin exaspéré.

Emile le calma d'un regard.

Les convives se levèrent.

Puis chacun gagna le mur, les uns pour s'en aller, les autres pour remonter dans leur chambre.

Greuze habitait un petit appartement au Louvre; Laujon avait une mansarde dans la rue Honoré; le reste, chevaliers et marquis, perchaient sur une branche au hasard.

Il n'y avait que le duc de Noyal-Treffléan, Sophie Arnould et le couple Ramponneau qui occupassent la maison de la rue du Chevalier-du-Guet.

Le duc fut un des derniers à se retirer. Sa physionomie était sombre et exprimait un abattement général.

Il s'approcha d'Emile et lui dit :

— Vous voyez, mon cher, quelles sont nos ressources ici ; nous sommes tous logés à la même enseigne. Triste enseigne, n'est-ce pas? Vous êtes plus avancé que nous, puisque vous êtes lié avec notre hôte. Adieu donc.

Mais, tout en disant adieu, il restait à la même place et paraissait embarrassé.

Enfin il se décida à demander :

— Parlerez-vous de moi à ma fille ?

— Non, répondit Emile.

Le duc se tut un instant et regarda la terre.

—Au moins, reprit-il, accordez-moi un plaisir.

—Lequel ?

—Trois-Mai doit sortir quelquefois; faites-moi savoir un jour... un soir...

le lieu où je pourrai l'apercevoir de loin... sans l'accoster.

—Et sans vous montrer surtout.

—Sans me montrer.

—Eh bien ! Trois-Mai et madame de Perverie ont l'habitude de se promener tous les dimanches autour de l'île Saint Louis.

—Tous les dimanches?

—Entre six et sept heures du soir,

après leur dîner... quand elles dînent.

—Seules?

—C'est moi qui les accompagne.

Le duc de Noyal-Treffléan remercia le jeune homme par un geste de tête et s'éloigna.

Seuls tous deux, Emile et Turpin se racontèrent mutuellement ce qui leur était advenu depuis leur séparation.

Lorsque le premier arriva à la détresse de madame la marquise de Perverie, le brave majordome bondit sur son siége, et jura par tous ses grands dieux qu'il ne souffrirait pas que son ancienne maîtresse eût à gémir des rigueurs du temps.

—Je fermerais plutôt ma table d'hôte, s'écria-t-il, et je mettrais plutôt à la porte, pour la recevoir, tous ces gueux de ci-devants et d'artistes!

Aussi le fidèle serviteur se promit-il un vrai plaisir en allant le lendemain rue de Thionville porter le dîner de madame la marquise de Perverie.

Justement j'ai conservé mon ancien costume de maître d'hôtel, le plus beau le rouge... Je veux le mettre demain et je me ferai suivre par deux marmitons.

—Ce sera bien aristocratique, dit Emile en souriant.

—Bah! une fois n'est pas coutume ni elle ni vous ne me dénoncerez, d'ailleurs; et puis, ajouta Turpin en enfonçant son bonnet rouge sur les yeux, je prendrai ma revanche sur mes nobles de ma table d'hôte!

CHAPITRE CINQUIÈME.

V.

Paris à vol de guillotine. — *Suite*.

Où se dirigeait le duc de Noyal-Treffléan, en sortant de chez le majordome?

Il allait chez François Soleil.

Ce drôle n'avait pas reparu depuis une semaine, et par son absence, il laissait le duc en proie à un ennui souverain.

François Soleil demeurait dans une des maisons de son ancien maître.

Lorsque celui-ci vint y frapper, un domestique ou *aide*, suivant la dénomination nouvelle adoptée par la susceptibilité républicaine, se présenta au guichet.

—Tiens, c'est La Brie, s'écria le duc de Noyal-Treffléan en reconnaissant un de ses anciens valets de chambre.

Le domestique ne parut pas charmé de cette familiarité rétrospective.

—Qu'est-ce que tu demandes? dit-il brutalement.

—Ah! oui, pensa le duc, c'est vrai, *égalité, fraternité...*

—Eh bien! citoyen?

Eh bien! je désire voir mon ancien intendant, le citoyen Soleil.

—Je vais m'informer s'il peut te recevoir.

Et le domestique disparut, en laissant M. de Noyal-Treffléan à la porte.

Il reparut après cinq minutes.

—Le citoyen mon maître est à table en compagnie, dit-il.

—En compagnie?

—Ou avec des dames, si tu comprends mieux.

—Diable! il parait que mons Soleil aime à s'étourdir sur les événements politiques, murmura le duc.

Il ajouta:

— C'est bien, je l'attendrai.

La Brie ne crut pas devoir lui refuser

la porte ; il l'introduisit dans une antichambre où il le laissa seul.

Un bruit de verres choqués et d'éclats de rire féminins arrivait de la salle à manger jusqu'aux oreilles du duc de Noyal-Treffléan.

Il se promenait de long en large.

D'abord, il avait trouvé sa situation plaisante. Mais ensuite il la trouva impatiente.

— Si je m'invitais ? se dit-il ; c'est bien le moins que je puisse me permettre.

Les idées ne pesaient pas longtemps

dans la balance du duc de Noyal-Treffléan. Sitôt conçu, un projet était aussitôt exécuté.

Il poussa donc d'un revers de main les battants de la salle à manger, et il entra.

Un tableau attrayant se présenta à sa vue.

Après le pauvre festin de la rue du Chevalier du Guet, cela constituait un contraste réellement curieux.

Sur un fauteuil exhaussé, dans l'attitude épanouie du *roi de la Fève* du célèbre tableau, François Soleil élevait au-dessus de sa tête une coupe d'or remplie d'un vin tumultueux.

Autour de lui, groupés à une table débordant de mets et de flacons, des sans-culottes et des déesses se tenaient enlacés, en chantant l'amour et la guillotine, Cythère et Clamart.

Gais comme ces ours ivres de raisin dont parle Chateaubriand, ils offraient sur leurs masques enflammés le resplendissement le plus complet du sensualisme. Leurs coudes étaient nus. La joie repousse les habits. Ils se gorgeaient de viandes dorées, et couvraient la table de taches de toutes couleurs en y imprimant leurs doigts que l'ivresse faisait trembler.

Ainsi vautrés dans ce luxe, ils étaient presque beaux de cette terrible beauté qui mit le diable au corps de Rubens quand il peignit sa batailleuse Kermesse du Louvre. La nappe vivement éclairée fumait par-dessus les têtes et les bougies, comme un baquet d'eau où l'on a trempé un fer rouge.

Les femmes étaient de ces malheureuses qui sont de toutes les fêtes et de tous les crimes. Elles avaient la tête renversée sur les épaules de leurs voisins, et leurs lèvres trempaient machinalement au bord de tous les verres...

Le duc de Noyal-Treffléan regarda tout cela en silence pendant quelques secondes.

Beaucoup ne s'étaient pas aperçus de son entrée.

Il compta de l'œil les bouteilles vides, et les rapportant au nombre des convives, il avança la bouche avec mépris.

— De notre temps, c'était mieux, dit-il ; le peuple a un mauvais estomac.

Soleil l'aperçut.

Il avait conservé plus de raison que les autres ; il put se soulever sur son trône-fauteuil.

— Sois le bienvenu, citoyen, s'écria-t-il, tu nous vois en train de boire à l'affermissement de la république une et indivisible. Veux-tu trinquer avec nous ?

Le duc avança son nez sur le verre le plus proche de lui.

— Pouah ! vous vous soûlez comme

des cuistres; c'est du vin de charretier, cela. Cherchez dans le troisième caveau de droite... les bouteilles appuyées contre le mur et renversées le goulot en terre... vous y trouverez un vin de Bordeaux que je n'ai pas eu le temps de finir...

Les terroristes ouvrirent des yeux rapetissés et des bouches agrandies.

François Soleil leur jeta une clef qu'il prit à sa ceinture.

— Oui, c'est cela, dit-il; allez chercher

le bordeaux et laissez-moi seul un instant avec le citoyen qui a besoin de causer avec moi. C'est un agent secret de la Convention et un ami de Fouquier-Tinville. Allez !

FIN DU TROISIÈME VOLUME.

Argenteuil. — Impr. WORMS et Cie.

www.ingramcontent.com/pod-product-compliance
Lightning Source LLC
Chambersburg PA
CBHW060511170426
43199CB00011B/1408